历史的碎片

人类历史上的重要学说

盛文林　编著

北京工业大学出版社

图书在版编目（CIP）数据

人类历史上的重要学说/盛文林编著. —北京：
北京工业大学出版社，2012.4（2021.5重印）
　（历史的碎片）
　ISBN 978-7-5639-3006-7

　Ⅰ.①人… Ⅱ.①盛… Ⅲ.①世界史–通俗读物
Ⅳ.①K109

中国版本图书馆 CIP 数据核字（2012）第 022958 号

人类历史上的重要学说

编　　著：盛文林
责任编辑：江　舒
封面设计：天下书装
出版发行：北京工业大学出版社
　　　　　（北京市朝阳区平乐园 100 号　100124）
　　　　　010–67391722（传真）　　bgdcbs@sina.com
出 版 人：郝　勇
经销单位：全国各地新华书店
承印单位：天津海德伟业印务有限公司
开　　本：710mm×1000mm　1/16
印　　张：11.5
字　　数：260 千字
版　　次：2012 年 4 月第 1 版
印　　次：2021 年 5 月第 2 次印刷
标准书号：ISBN 978-7-5639-3006-7
定　　价：28.00 元

版权所有　翻印必究
(如发现印装质量问题，请寄本社发行部调换 010–67391106)

前言

在伟大的自然面前，每个人都会不由自主地感受到自身的渺小。然而，人之所以为人，就在于拥有可以思维的大脑，能从纷繁芜杂的自然现象中总结出客观规律，并以此来更好地认识自然，改造自然。人们找出规律，然后根据自己所学的某方面知识加以总结，得出自己认为正确的最终结果，形成在学术上自成系统的主张或理论，这就是学说。

学说不一定全部是正确的，但是它可以从某些角度反映自然或者社会的一些规律，这些规律蕴涵着通向真理的线索，人们可以沿着这些线索开拓自己的思维，从而不断走近或者找到真理。正因为各种学说的不断交替和进步，才极大地促进了科学技术的发展，使其在改善人类生活、改变世界面貌、推动社会发展的过程中显现出巨大的力量。

一代又一代的学者探究科学规律，总结学说的过程，有成功与失败、欢乐与悲伤，甚至还包括血和泪。这些动人故事中蕴涵的人文精神，堪称人类文明发展过程中最宝贵的财富。作为人类文明的传承者，我们应该了解它们。

本书以时间为顺序，全面介绍了对人类历史发展有着开拓性成就的重大学说，内容全，知识新。具体来说，全书分别从哲学、政治、经济、语言学、科技以及生物共6个方面展开阐述，精选出人类历史上最具代表性的重大学说，并通过讲述这些重大学说的内容和发展历程，阐述各种学说的重大作用和深远影响，探索这些学说给人们带来的启迪意义。

本书通过科学系统的分类、词条式的阐述方式、形式多样的辅助栏目、解析详尽的珍贵图片等多种编排手法的有机结合，以一种全新的方式介绍了数十

种学说，旨在从文化角度阐述重大学说的基本内涵，突出其中的科学内核和人文理念，使读者不但能感受这些学说的科学魅力，增强科学素养，还能进一步品味其中的人文思想。

阅读本书能让青少年树立正确的科学观，培养创新思维，站在巨人的肩膀上学习与成长，加深青少年对科学改变世界的理解，产生钻研科学的浓烈兴趣。全书深入浅出、通俗易懂，融科学性、知识性和趣味性为一体，是青少年掌握科学理论的理想读本。

目录

哲学篇

哲学还是迷信——阴阳学说	1
中国人的智慧哲学——道家学说	6
东方文化的源泉——儒家学说	10
宋明理学学说	19
休谟的不可知论学说	22
孔德的实证主义学说	26
叔本华的生命意志主义	31
萨特的存在主义学说	34
尼采的权力意志主义	38
黑格尔的哲学体系	43
康德的批判哲学	46
弗洛伊德的精神分析学说	49
马斯洛的需求层次理论	53

政治篇

韩非子的法家学说	58
托马斯·莫尔的乌托邦学说	61
洛克的立法与分权学说	63
孟德斯鸠的三权分立学说	66

卢梭的天赋人权思想 ·· 69
科学社会主义学说 ·· 72
孙中山的三民主义学说 ·· 74
地缘政治学 ·· 77

经济篇

托马斯·曼的重商主义学说 ·· 80
威廉·配第的价值论和分配论 ····································· 83
马尔萨斯的人口原理 ·· 87
李嘉图的劳动价值理论 ·· 90
凯里的经济学说 ··· 94
西斯蒙第的经济危机学说 ··· 96
亚当·斯密的经济学说 ·· 99
克拉克的经济学说 ·· 102
凯恩斯的经济学说 ·· 106
门格尔的边际效用学说 ·· 110
马歇尔的经济学说 ·· 113

语言学篇

索绪尔的语言学学说 ·· 117
布拉格学派的音位理论 ·· 121
美国结构主义学派 ·· 123
哥本哈根学派的语符学 ·· 126

科技篇

维纳的控制论学说 ·· 129
冯·诺伊曼的计算机结构 ··· 131
爱因斯坦的相对论学说 ·· 134
道尔顿的原子学说 ·· 141
凯库勒的苯分子结构学说 ··· 144

玻尔的原子结构学说……………………………………… 146

生物篇

拉马克的早期进化学说……………………………………… 151
居维叶的灾变论……………………………………………… 154
达尔文的生物进化学说……………………………………… 158
施莱登和施旺的细胞学说…………………………………… 162
巴斯德的细菌致病学说……………………………………… 165
巴甫洛夫的条件反射学说…………………………………… 169
孟德尔的遗传因子学说……………………………………… 173

哲 学 篇

哲学还是迷信——阴阳学说

"阴阳"是中国古代哲学中两个对立统一的概念。阴阳的最初含义是很朴素的，表示阳光的向背，向日为阳，背日为阴，后来引申为气候的寒暖，方位的上下、左右、内外，运动状态的躁动和宁静等。中国古代的哲学家们进而体会到自然界中的一切都存在着相互对立而又相互作用的关系，就用阴阳这个概念来解释自然界对立和相互消长的物质势力，并认为这是事物本身所固有的，是宇宙的基本规律。

阴阳学说认为任何事物均可以阴阳来划分，如：凡是运动着的、外向的、上升的、温热的、明亮的，都属于阳；相对静止的、内守的、下降的、寒冷的、晦暗的，都属于阴。我们把对于人体具有推进、温煦、兴奋等作用的物质统归于阳，对于人体具有凝聚、滋润、抑制等作用的物质统归于阴，阴阳是相互关联的一种事物或是一个事物的两个方面。

世界是物质性的整体，自然界的任何事物都包括阴和阳相互对立的两个方面，而对立的双方又是相互统一的。阴阳的对立统一运动，是自然界一切事物发生、发展、变化及消亡的根本原因。正如《素问·阴阳应象大论》所说："阴阳者，天地之道也，万物之纲纪，变化之父母，生杀之本始。"所以本学说认为，阴阳的对立统一运动规律是自然界一切事物运动变化固有的规律，世界本身就是阴阳二气对立统一运动的结果。

阴和阳，既可以表示相互对立的事物，又可用来分析一个事物内部所存在

着的相互对立的两个方面。以天地而言，天气轻清为阳，地气重浊为阴；以水火而言，水性寒而润下属阴，火性热而炎上属阳。

任何事物均可以阴阳的属性来划分，但必须是针对相互关联的一对事物或是一个事物的两个方面，这种划分才有实际意义。如果被分析的两个事物互不关联，或不是统一体的两个对立方面，就不能用阴阳来区分其相对属性及相互关系。

八卦图

事物的阴阳属性并不是绝对的，而是相对的。这种相对性，一方面表现为在一定的条件下，阴和阳之间可以发生相互转化，即阴可以转化为阳，阳也可以转化为阴；另一方面，则表现在事物的无限可分性。

一、相互关系

1. 阴阳的交感相错

"交感"指阴阳的交互作用，"相错"则是指这种相互作用十分错综复杂。阴阳交感是万物得以产生和变化的前提条件。例如男女，男为阳，女为阴，阴阳调和才使人类不断繁衍生息。正是阴阳的交感相错，世间万物才不断焕发新的生机。

2. 阴阳的对立制约

阴阳的对立制约，古人称之为"阴阳相反"，包括两种含义：①指阴阳属性都是对立的、矛盾的。如上与下、水与火。②指在属性相对立的基础上，阴阳还存在着相互制约的特性。对立的阴阳双方相互抑制，相互约束，表现出阴强则阳弱、阳胜则阴退的错综复杂的动态联系。这一点在我国传统中医学中有着明显体现，阴性过强则体虚，所以要以阳气补充；阳性过强则为火，需以滋阴来削阳。其实，削弱制约，也是为了保持阴阳平衡，只有这

样，人体才能真正健康。

3. 阴阳的互根互用

阴阳的互根互用关系，古人称之为"阴阳相成"，包括两种含义：①指凡阴阳皆相互依存，即阴和阳任何一方都不能脱离对方而单独存在。如上为阳，下为阴，如果没有上，也就没有所谓的下。②指在相互依存的基础上，某些范畴的阴阳还体现出相互滋生、相互为用的关系特点。例如上文所说的滋阴削阳。阴盛阳衰时或许阳气会一时强盛，但是长此以往必定独阴不长，从而损毁人身，只有适当削弱，阴阳共长，才能使人身体健康。

4. 阴阳的消长和平衡

消长，指阴阳两者始终处于运动变化之中。所谓"消"，意为减少、消耗；所谓"长"，意为增多、增长。它们指的是量的变化。古代思想家以消长来概括阴阳的运动变化，其基本形式包括：①阴消阳长，阳消阴长，表现为阴阳双方的你强我弱，我强你弱。这种形式主要是和阴阳的对立制约关系相联系的。②阴阳皆长，阴阳皆消，表现为阴阳矛盾统一体的我弱你也弱，我强你也强。它主要是和阴阳的互根互用关系相联系的。

平衡，指阴阳之间的消长运动如果是在一定范围、一定程度、一定限度、一定时间内进行的，这种消长运动往往不易察觉，或者变化不显著，事物在总体上仍旧呈现出相对的稳定，此时就称做"平衡"。

5. 阴阳的相互转化

阴阳的相互转化是指在一定条件下阴阳可各自向其对立的属性转化。它主要是指事物的总的阴阳属性的改变。任何事物都存在阴阳两个方面，阴阳的孰主孰次就决定了这一事物当时的主要特性。

我们日常生活中常吃的食物有寒有热，寒性为阴，热性为阳，这也是阴阳在事物中主次分明的一种特性。事物内部阴阳的主次不是一成不变的，它们处于消长变化之中，一旦这种消长变化达到一定阈值，就可能导致阴阳属性的相互转化。这种"阴阳转化"往往表现为量变基础上的质变，它必须具备一定的条件，即"物极必反"。这里的"极"，是指事物发展到了极限、顶点。这个是促进阴阳转化的条件。

阴和阳是相关事物的相对属性，存在着无限可分性；阴阳的相互作用是事物发生、发展和变化的根本原因；阴阳的对立制约、互根互用和相互转化，就

是阴阳之间相互关系和相互作用的具体形式；而阴阳之间的相互作用是在阴阳双方不断的消长运动中实现的；若各种形式的阴阳消长运动处于一定限度、一定范围、一定时间之内，表现出动态平衡，整个事物就处于正常状态，反之，就往往陷于异常状态。

二、在中医学中的应用

阴阳学说对于中医理论的形成和发展起着十分重要的作用，它贯穿于中医理论体系的各个方面，指导着历代医家的理论思维和治疗实践，所以张介宾在《景岳全书》中总结道："医学之奥，阴阳而已。"

在中医学理论体系中，处处体现着阴阳学说的思想。阴阳学说被用以说明人体的组织结构、生理功能及病理变化，并用于指导疾病的诊断和治疗。

1. 说明人体的组织结构

人体的所有结构既是有机联系的，又可划分为阴阳两部分。人体脏腑组织，就部位来说，上部为阳，下部为阴，体表属阳，体内属阴；就其背腹四肢内外侧来说，则背属阳，腹属阴，四肢外侧为阳，四肢内侧为阴。以脏腑来分，五脏属里，藏精气而不泻，故为阴，六腑属表，传化物而不藏，故为阳。五脏之中又各有阴阳所病，即心肺居于上部（胸腔）属阳，肝脾肾位于下部（腹腔）属阴。若具体到每一脏腑则又有阴阳之分，即心有心阴、心阳，肾有肾阴、肾阳等。总之，人体组织的上下、内外表里、前后各部分之间以及内脏之间，无不包含着对立统一。

2. 说明人体的生理功能

人体正常的生命活动，是阴阳两个方面保持对立统一协调关系的结果。如以功能物质而言，功能属阳，物质属阴，人体的生理活动是以物质为基础的，没有物质运动就无以产生生理功能。人体功能与物质的关系，也就是阴阳相互依存、相互消长的关系。如果阴阳不能相互为用而分离，人的生命也就终止了。

3. 说明人体的病理变化

疾病发生是因为阴阳失调。如"阴胜则寒"、"阳胜则热"、"阳虚则寒"、"阴虚则热"、"阳损及阴"、"阴损及阳"、"阴阳两虚"等病症，并且病症在一定条件下是可以相互转化的。

4. 用于疾病的诊断

诊治方面：用阴阳的属性来分析病情，如以色泽、声音、呼吸、气息来分辨阴阳，还可以脉象部位分阴阳。寸为阳，尺为阴，浮大洪泽为阳，沉小细涩为阴等。

辨证方面：阴阳是八纲辨证的总纲。在临床中首先要分阴阳，才能抓住疾病的本质，大到整个病症，小到一个脉症；同样，外科分类、诊断也可用阴阳

中医诊脉

来分，如疔、痈、丹毒、脓肿等多为阳症，感染性结核、肿瘤等慢性疾病，表现为苍白、平塌、不热、不痛、隐痛等症多为阴症。总之，疾病的诊断要以分辨阴阳为首务，只有掌握阴阳的属性，才能在临床中正确运用。

5. 用于疾病的治疗

确定治疗原则：调整阴阳，补其不足，泻其有余，恢复阴阳的相对平衡是治疗的基本原则。

归纳药物主要性能：药物的性能主要依据其气（性）、味和升降沉浮来决定。而药物的气味和升降沉浮，又皆可用阴阳来归纳说明，作为指导临床用药的依据。

药性：主要指寒、热、温、凉四种，又称"四气"。其中寒凉属阴（凉次于寒），温热属阳（温次于热）。能减轻或消除热症的药物，一般属于寒性或凉性，如黄芩、栀子等。反之，能减轻或消除寒症的药物，一般属于温性或热性，如附子、干姜之类。

五味：就是辛、甘、酸、苦、咸五种味。有些食物还具有淡味或涩味，但习惯上仍称为五味。其中辛、甘、淡属阳，酸、苦、咸属阴。

升降沉浮：一般具有升阳发表、祛风散寒、涌吐、开窍等功效的药物，多上行向外，其性升浮，升浮者为阳；而具有泻下、清热、利尿、重镇安神、潜阳熄风、消导积滞、降逆、收敛等功效的药物，多下行向内，其性皆

沉降，沉降者为阴。

中国人的智慧哲学——道家学说

　　道家是中国春秋战国诸子百家中最重要的思想学派之一，道家思想的起源很早，传说中，轩辕黄帝就有天人合一的思想。一般来说，公认第一个确立道家学说的是春秋时期的老子，老子在他所著的《老子》（即《道德经》）一书中作了详细的阐述。

　　先秦时代，人们普遍认为自然界存在着一个主宰和决定人们命运的神或者上帝，而老子以其大胆的想象和气魄对天命鬼神的观念进行了否定，提出了"道"的思想，"道"就成为天地万物的本始，老子也就成为道家学说的开创者。道家思想其他的代表人物还有战国时期的庄周、列御寇、惠施等人。道家倡导自然的世界观和方法论，尊黄帝、老子为创始人，并称"黄老"。

　　道家思想的核心是"道"，那么什么是道？在道家学说中，道有五方的含义：①道是阴阳，代表了天地万物的运行规律，所以道家常说天道运行，阴阳造化；②道是过程，这是对道对万事万物的系统概括，即老子所说的道生万物的过程，在这个过程中，万物循环往复，这就是道；③道是万物本原，无和有都来源于道，是道不同角度的名称；④道是规律，因为道是存在于万事万物之中，贯穿一切事物的发展过程，因此道也是物质运动的规律，只有遵循万物的规律，事物才能够不断地前进发展，这就是道的本质；⑤道也是法则，符合规律，道法自然就是遵循道的法则的具体体现。老子说"天之道，利而不害"，意思是坚持道的原则，具有很高的价值。例如社会，坚持道的原则则天下安定，反之则会天下大乱。

　　虽说道家学说未成为社会主

老　子

6　历史的碎片

流，但是它的思想却为后来的儒家学说提供了思想灵感。西汉初年，汉文帝、汉景帝以道家思想治国，使人民从秦朝苛政中得以休养生息，历史称之为"文景之治"。其后，儒家学者董仲舒向汉武帝建议实行"罢黜百家，独尊儒术"的政策，并被后世帝王采纳。道家从此成为非主流思想。虽然道家并未被官方采纳，但继续在中国古代思想的发展中扮演重要角色。宋明理学更是糅合了道学的思想发展而成。

道家思想后来被张鲁的五斗米道等宗教吸收，并演变成中国的重要宗教之一——道教。

道家哲学首先摆脱了儒家社会哲学的进路，直接从天道运行的原理侧面切入，开展了以自然义、中性义为主的"道"的哲学。天道运行有其自然而然的原理所在，道的哲学即在解明此一原理性内涵，而得以提出一个活泼自在的世界空间。透过对此一世界运行秩序之无定限、无执著的认识，道家哲学发展出迥然不同于儒家的社会哲学，即社会只是一方存在的客体，在其中生存的人们，应有其独立自存的自由性，而不受任何意识形态的束缚。基本上道家哲学并不否定儒家的社会理想，但对于社会责任的态度并不先存立场，而能有更尊重人类自主性的态度与存在定位。

道家重视人性的自由与解放。这里的"解放"，一方面是人的知识能力的解放，另一方面是人的生活心境的解放。前者提出了"为学日益，为道日损"、"此亦一是非，彼亦一是非"的认识原理，后者提出了"谦"、"弱"、"柔"、"心斋"、"坐忘"、"化蝶"等的生活功夫来面对世界。

道家的社会哲学不是进取的、积极的，因为它认为社会只是天道的过程，而不是目的本身。道家认为儒家的社会理想是合理的，但不是绝对的，因此基本上并不需要提出一套决定性的社会理想，因为天道变化，本身无所谓绝对的是非善恶之性能，因而道家强调得更多的是在社会中生存的智慧原理，而且这种智慧必须是能在任何历史情境的社会之中都行之有效的生存之道。也就因为道家的社会哲学不以自己发展规格为主，而强调应对的智慧，因此利于人们休养生息的需求，故而让汉初的"黄老之治"有了实验的理论基础；同时，也安定了千百年来中国士大夫的情绪，使他们在失意于儒家本位的官场文化之后，也能有一广大的心性世界以顺遂人生。

一、老　子

　　道家的理论奠定于老子，老子《道德经》一书上下五千言，字字珠玑，书中广论道的形而上学义、人生智慧义，提出一种万物混成且独立自存的自然宇宙起源论，也提出世界存在与运行原理是"反者道之动"的本体论思想，对于存活于其中的人类而言，其应学习的就是处世的智慧，于是老子试图建立一个囊括宇宙万物的理论，他相信这个理论能够体现其中的规律，老子的"道"就产生了。从后代道家学说的发展来看，老子的"道"也有局限，虽然老子提出众多的政治、社会与人生哲学观点，然而重点都在保身而不在文明的开创，可以说他是以一套宗本于智慧之道的社会哲学与理论来应对混乱的世局，而无意制造社会的新气象，因为那些都不是大道的本意，从这个角度讲，老子的道有点消极。

二、庄　子

　　庄子是老子之后道家理论最重要开创者，道家哲学基本上也就是老庄二型而已。庄子的道家学不同于老学之处，在于庄子更详尽地处理了人与自然的关系、人的可开创能力，包括智慧上、认识能力上、身体能量上等。与老子相比，庄子的文采更胜于老子，老子讲究避世，而庄子更注重身心的自由，不是避世，而是顺其自然。庄子同样站在天道自然的命题基础上，提出了从人的自我修养到面对整个社会国家的处世之道，《庄子》书内七篇之作，就是他从世界观到知识论到工夫论到社会哲学的内圣外王之道的理论。庄子的哲学超越了任何知识体系和意识形态。可以说他的哲学是一种生命哲学，他的思考也极具生命意义，而且具有超前意识。

庄　子

三、列　子

列子，战国时人。现存有的《列子》八篇，为东晋张湛所者，是对列子、列子弟子、列子后学著作的汇编。一般认为该书反映了战国至魏晋间的思想。《列子》从道家思想出发，并对道家思想中无为的人生观有所改造。强调人在自然天地间的积极作用，并认为人在一种自然的生存状态下，不忧天、不畏天，才是最好的生存状态。《列子》的每篇文章不论长短都自成系统，各有主题。其中所反映的哲理浅显易懂，完全可以与古希腊的《伊索寓言》媲美。

四、王　弼

王弼，三国时代人。当两汉经学的发展已到尾声，社会政治一直在动乱与不义的情境中，知识分子转向玄学清谈的风气，王弼以其对老子哲学的深切体悟，注解老子《道德经》一书，重体用之分、有无之别，不但发展出诠释老学的宗旨，即"贵无"的精神，并以此原理注解《易经》，甚至还因此改变了从汉以来象数易学的气化宇宙论，而将易经的研究方向代之以纯粹玄学思想，使中国易学史走向一个崭新的局面。

王弼的哲学思想核心是"以无为本"，与老子的"道生万物"不同，带有思辨玄学色彩，他把老子的宇宙生成论发展为有无何以为本的本体论学，使中国式的形而上学从此形成雏形。

五、郭　象

郭象，西晋人，以《庄子注》闻名，主张"独化"理论，是一种从高度抽象思维当中发展出来的玄学式概念理论。他认为宇宙万物都生于偶然的"玄冥"境界，因此提倡一种物无大小、各顺其适之精神，平等尊重每一个生命的人生观。

道家对中国文化的贡献与儒家同等重要，只是在政治思想上"儒"为表象，"道"为实质而已。而道家在理论能力上的深厚度与辩证性，则为中国哲学思想中所有其他传统提供了创造力的泉源。至于道家文化在中国艺术、绘画、文学、雕刻等各方面的影响，则是占据绝对性的优势主导地位，即使说中国艺术的表现即为道家艺术的表现亦不为过。当然，道家哲学对中国政治活动

也提供了空间，使得中国知识分子不会因着有太强的儒家本位的政治理想而执著于官场的追逐与性命的投入，而能更轻松地发现进退之道，理解出入之间的智慧。

东方文化的源泉——儒家学说

儒家学说也称儒学，起源于东周春秋时期，属于诸子百家之一。孔子是儒学的开创者，当时周天子地位下降，诸侯实力提升，华夏处在一个比较混乱的时代，目睹这一切的孔子认为这是一个礼崩乐坏的时代，为了改变这种状态，孔子提出了"克己复礼"，也就是重新恢复礼制，从这个角度讲，学说是从"礼"开始的，所有的一切应该纳入到礼制中，于是后来逐步发展为以尊卑等级的"仁"为核心的思想体系。儒家的学说简称儒学，是中国影响最大的流派，也是中国古代的主流意识。儒家学派对中国、东亚乃至全世界都产生过深远的影响。

儒家基本上坚持"亲亲"、"尊尊"的立法原则。所谓"亲亲"，就是"父慈、子孝、兄友、弟恭，"亲人间要相互爱护团结；"尊尊"则是尊卑关系，不论是家庭内部还是贵族、君臣、平民之间都要讲秩序和等级。儒家维护"礼治"，提倡"德治"，重视"人治"，这些原则都符合封建社会统治的需要，因此儒家随着封建社会的到来和发展逐渐成为主导潮流，被封建统治者奉为正统思想。

儒家的"礼治"主义的根本含义为"异"，即使贵贱、尊卑、长幼各有其特殊的行为规范。只有贵贱、尊卑、长幼、亲疏各有其礼，才能达到儒家心目中君君、臣臣、父父、子子的理想社会。国家的治乱，取决于等级秩序的稳定与否。儒家的"礼"也是一种法的形式。它是以维护宗法等级制为核心，如违反了"礼"的规范，就要受到"刑"的惩罚。

儒家的"德治"主义就是主张以道德去感化教育人。儒家认为，无论人性善恶，都可以用道德去感化教育人。这种教化方式，是一种心理上的改造，使人心良善，知道耻辱而无奸邪之心。这是最彻底、根本和积极的办法，断非法律制裁所能办到的。

儒家的"人治"主义，就是重视人的特殊化，重视人的道德发展，重视人的同情心，把人当做可以变化并可以有很复杂的选择主动性和有伦理天性的"人"来管理的一种统治思想。从这一角度看，"德治"主义和"人治"主义有很强的联系。"德治"强调教化的程序，而"人治"则偏重德化者本身，是一种贤人政治。由于儒家相信"人格"有绝大的感召力，所以在此基础上便发展为"为政在人"、"有治人，无治法"等极端的"人治"主义。

中国的儒学如果从孔子算起，绵延至今已有两千五百余年的历史

孔子

了。在这漫长的岁月里，随着社会的变化与发展，儒家学说从内容、形式到社会功能也在不断地发生变化与发展。不了解儒家学说的历史演变，是很难做到客观地评价儒家学说的社会历史意义和展望其未来发展的。

如果对儒家学说的内容、形式和社会功能等进行综合的宏观考察，我们认为中国儒学有四个比较明显不同的历史发展阶段。当然，如果要细分的话，在这四个发展阶段的每一个阶段中，也还是可以再分出若干个小的发展阶段来的。

一、以孔子、孟子、荀子等为代表的先秦原始儒学

儒出身于"士"，又以教育和培养"士"（"君子"）为己任。"士"者"仕"也。孟子说"士之仕也，犹农夫之耕也"（《孟子·滕文公下》），意思是说，士出来任职做官，为社会服务，就好像农夫从事耕作一样，是他的职业。荀子在讲到社会分工时，也把"士"归于"以仁厚知能尽官职"（《荀子·荣辱》）的一类人。所以，从这一角度来讲，原始儒家学说也可以说是为

国家、社会培养官吏的学说，是"士"的文化。

原始儒学的主要内容都是关于"士"的修身方面的道德规范和从政方面的治国原则。所谓"士"，就是"仕"，就是官吏。儒出身于"士"，又以教育和培养"士"为目的之一，从这个角度讲，先秦原始儒家其实是为国家和社会培养官吏的学说，就是"士"的文论。而且，从孔子、孟子到荀子，他们所提出的各种道德规范和治国原则，都是十分具体的为人处世中践行的规范和原则，而不是一般的抽象的形而上学原理。

人们称孔子之学为"仁学"，因为孔子是把"仁"作为士君子最根本的道德规范来要求的。《论语》一书中记载着许多孔子回答弟子们问"仁"的言论，其内容都是实践行为中所要遵循的各种具体规范和原则。如他说："君子去仁，恶乎成名？君子无终食之间违仁，造次必于是，颠沛必于是。"（《论语·里仁》）

孟子除了进一步发展孔子以"仁"修身的思想外，又以推行"仁政"学说而著称于世，而其所论的"仁政"内容，同样也是十分具体的。孟子对为什么要行仁政和为什么可能行仁政，也进行了理论上的说明。但他的那些理论说明，大都是感性直观的。如他认为，因为人人都有"不忍人之心"、"恻隐之心"、"仁爱之心"，先王同样也有"不忍人之心"，此心发之于政，即是"仁政"等，来论证行仁政的根据。

孔子、孟子在修身与治国方面提出的实践规范和原则，虽然都是很具体的，但同时又带有浓厚的理想主义成分，也就是说更多地寄希望于人的本性的自觉。所以，孔子竭力强调"克己"、"修身"（《宪问》）、"为仁由己"等。而孟子则以"性善"为根据，认为只要不断扩充其"恻隐之心"、"羞恶之心"、"辞让之心"、"是非之心"（《公孙丑上》），"求其放心"（《告子上》），即可恢复人的"良知"、"良能"，即可实现"仁政"理想。

与孔、孟相比，荀子的思想则具有更多的现实主义倾向。他在重视礼义道德教育的同时，也强调了政法制度的惩罚作用。他认为，人的本性并不是那么美好的，顺着人性的自然发展，必然造成社会的纷争。因此，必须用礼义法度等去引导人的自然本性，即所谓的"化性起伪"，然后才能使之合乎群体社会的公共原则和要求。所以，荀子在强调自我修养、道德自觉的重要同时，更为强调"师"与"法"的教育与规范作用，也就是说适当引导和强制规范相

结合才更利于社会的平稳。

同样，荀子设计的治国原则——"明分使群"、"群居和一之道"，包括理想的"王制"与具体的"富国"、"强国"之策，乃至他的"礼论"、"乐论"、"君道"等，可以说都是非常富于现实主义的。它都是在肯定当时已经形成的社会等级和职业分工的基础上，来规定社会每一个成员的名分和位置，并要求其各尽其职，从而达到整个社会的和谐一致。

原始儒家在先秦、春秋末至战国时期，是社会上具有广泛影响的"显学"之一。他们提倡的道德修养学说在"士"阶层中有着深远的影响，而他们设计的理想政治制度和治国原则，则因其主要精神，即一统天下和礼义王道为上等，太脱离当时诸侯称霸、群雄割据的社会现实了，因而始终没有能得到当权者的赏识和采用。所以，原始儒家学说与以后成为实际社会制度依据的儒学不同，它还只是一种关于道德修养和政治理想的一般性学说，这是我们必须要分清楚的。

荀 子

二、两汉政治制度化和宗教化的儒学

在汉代初期，儒家的地位和其他学派的地位没有什么区别，甚至还不如道家学说。

汉初统治者为医治秦末苛政、战乱造成的社会民生极度凋敝的状况，采用了简政约法、无为而治、与民休息的方针政策，道家学说恰好适应了这种政策。儒家真正的崛起是从汉武帝时期开始，西汉大儒董仲舒提出了"罢黜百家，独尊儒术"的主张。董仲舒的这个主张在新的历史条件下复兴了萧条的儒家文化，从此儒家文化正式登上了政治舞台，成为封建社会的主流思想。

人类历史上的重要学说

　　董仲舒融合贯穿了中国古典文化中各家各派的思想，将其整合为一个整体，成为一个崭新的思想体系。在这个体系中，他不仅接受和发扬了荀子关于礼法并重、刑德兼用的理论，而且还大量吸收了墨家"兼爱"、"尚同"的理论，乃至墨家学说中某些带有宗教色彩的思想。而更为突出的是，在他专攻的春秋公羊学中，充满了阴阳家的阴阳五行学说，并使阴阳五行思想成为汉以后儒家学说中的一个重要组成部分。董仲舒这里所说的"孔子之术"，显然已经不是原来的孔子学说，也不是原始儒家学说，而是经过他和汉初其他儒家学者发展了的，吸收了墨、道、名、法、阴阳等各家学说之长的，董仲舒心目中的"孔子之术"。

董仲舒

　　董仲舒对于儒学的发展不仅在于学理方面，而更在于他把儒学推向政治制度化和宗教化的方向。从这时候开始，儒学就开始与当时实际的社会政治制度联系了起来。不过，这在董仲舒时代仅仅是一个开始而已。直至东汉章帝时，由皇帝亲自主持召集大儒们举行了一次白虎观会议，会后由著名学者班固整理结集，公布了一个官方文件《白虎通德论》，这才真正完成了把儒家一部分主要学说转变为实际的社会政治制度的律条，以及社会全体成员共同必须遵循的道德规范。从此以后，儒学已不再是单纯的伦理道德修养和政治理想的学说了，而是同时具有了一种社会制度方面的律条的作用。

　　在儒学政治制度化发展的同时，两汉时期也出现了一股把儒学宗教化的倾向。在董仲舒和当时流传的书中，不断地把"天"描绘成儒学中至高无上的神。如董仲舒说："天者，百神之大君也。"（《春秋繁露·郊祭》），并且竭力宣扬天是有意志的，能与人相感应的，而王者是"承天意以从事"的等一整

14　历史的碎片

套宗教神学理论。董仲舒的"天人感应"之说将社会上的统治关系变成秩序化、合理化,为汉代统治者巩固中央集权提供了极大的便利条件。

儒家地位的提升与神化,将孔子的地位提到了一个前所未有的高度,孔子是儒学的创始人,自然也就成了教主。为了神化教主,在当时流传的大量书中,不仅把孔子说成是神的儿子,而且把他的相貌也描绘成与一般凡人极不相同的怪模样。同样,为儒家所推崇的历代圣人,如尧、舜、禹、汤、文王、武王、周公等,在书中也统统被装扮成了与众不同的神。从两汉儒学发展的历史看,儒学的宗教化是与儒学的政治制度化密切相关的,是同步进行的,前者是为使后者得以成立和巩固服务的。

儒学社会政治层面功能的形成和加强,同时也减弱了儒学作为一般伦理道德修养和政治理想层面的作用。在原始儒学那里,它是通过道德教育、理想教育去启发出人们遵守道德规范、追求理想社会的自觉。所以,儒学对于士大夫们的修身养性具有重大的意义和作用。可是,当儒学的一些主要内容被政治制度化以后,它就成了不管人们自觉与否,自愿与否,都必须遵守的外在规范,因而它的修养意义和作用就大大地被减弱了。这样,儒学在制度化方面的成功,却成了它在道德修养功能方面走向衰危的重要原因。两汉时期儒学性质的重大变化,以及由此而发生的儒学的两个层面的社会功能的消长等,是很值得人们进一步深入研究和思考的问题。

三、唐、宋、明、清时期的性理之学的儒学

在佛家传入中国之后,佛道理论修身养性的效果远比儒家所提倡的休养生息更深得人心,这引起了一部分儒者的不满与不安,于是产生了各种各样的辟佛理论。唐代韩愈就是一位辟佛儒者。然而,还有另一部分儒者则注意到了佛教理论并不是完全与儒学相冲突的,只要利用得好,可以与儒学互补,收到同样的效果。如韩愈的好友、著名文学家柳宗元,就指出韩愈对佛教的批评是肤浅的,是"愤其外而遗其中,是知石而不知韫玉也",即指责韩愈不懂得佛教理论中所包含着的精华。而有一些儒者则更为高瞻远瞩,他们借鉴佛道心性形上学理论,主动地去到儒学内部,发掘可与佛道相抗衡的理论与经典根据,并据此建立起儒学的心性修养的形而上学理论体系来。

在这方面,韩愈的弟子李翱最具代表性。他在著作《复性书》中向人们

人类历史上的重要学说

阐述了自己的观点，大意是儒家关于探求性命原理的著作虽然存在，可是由于儒者不了解和不能发明，所以一般人都走向了佛、道。不了解情况的人，都以为儒学不足以探明性命的根本原理，许多人也信这种说法。现在有人向他提出这方面的问题，他将尽他所知告诉大家。于是他就写成文章，揭示出性命之学的源头来。这样，儒学中几乎断绝废弃的道理，也许能继续传下去。

李翱的这番论述和发明，在儒学发展史上是具有重要意义的。《易》和《中庸》正是以后宋明性理学家发挥儒学性命形而上学原理，并用以与佛、道抗衡的主要经典依据。被推誉为性理学开创者的北宋五子（周敦颐、张载、邵雍、程颢、程颐），无一例外地都是借阐发《易》理来建立他们的理论体系的。

柳宗元

汉唐以来政治制度层面的儒学虽然也有某些变化，但作为社会政治制度的基础，它一直受到当权者的全力维护而并未中断。因此，性理学家所要复兴的儒学，主要是伦理道德、身心修养层面的儒学。他们希望重新充分发挥儒学道德修养方面的社会功能，夺回被佛、道占据优势的身心修养、思想理论领域。再则，性理学所复兴的儒学，无论是在内容上还是在形式上，也都与先秦原始儒学有了很大的不同。

前面在说到原始儒学时，我们说它主要是一些具体的伦理道德规范、治国安邦的实践原则。也就是说，原始儒学涉及的主要是日常行为中应该做些什么和怎么去做的规范、原则和方法。而对于为什么要这样做，尤其是这么做的根据何在等形而上学理论问题则很少探讨，有时即使说到一些，也十分简略。然而，在佛、道两家的学说中，则对世界、社会、人生等问题中的形而上学理论有较多和较深入的探讨。这也正是李翱所说的，人们"皆入于庄、列、老、

16　历史的碎片

释"的原因。性理学家接受了这个教训，所以他们在阐发原始儒学的基本实践原则时，竭力从形而上学理论方面给予提高。宋明清儒学之所以称其为性理之学，正是由于他们在理论上与原始儒学存在着如此巨大的差异。

宋明清性理之学对儒学的重大发展，是与它积极吸收和融合玄学、佛教、道教（包括道家）的理论为己所用分不开的。宋明性理学的兴起和发展，确实在相当程度上恢复了儒学作为伦理道德、身心修养层面的社会功能，从而与作为政治制度层面的儒学相呼应配合，进一步强化了儒学在社会政教两方面的功能。

宋明以后，儒学这两个层面两种社会功能的一致化，使得许多本来属于伦理修养层面的问题与政治制度层面的问题纠缠在一起而分割不清。而且由于伦理修养层面是直接为政治制度层面服务的，常常使得本来建立在自觉原则上的规范，变为强制人们接受的律条。而这种以"天理"、"良心"来规范的律条，有时比明文规定的律条更为严厉。清代著名思想家戴震曾尖锐批评封建统治者利用性理学之"天理"、"良心"来置人于死地，比用明文规定的"法"来杀人更为厉害，且无处可以申辩。所以，戴震说："人死于法，犹有怜之者；死于理，其谁怜之。"这是对性理学所引生出的社会流弊的深刻反映。

近代以来，特别是五四运动以来，人们对儒学进行了激烈的批判，斥其为"吃人的礼教"，高喊要"打倒孔家店"等等。这在当时反封建制度的革命形势下，是完全可以理解的。但是，也应当看到，这种对儒学简单的全盘的否定，也是不科学的。这里显然没有分清先秦原始儒学、两汉政治制度化和宗教化儒学与宋明性理学儒学这些不同历史发展阶段的儒学之间的质的区别。同时，显然也没有分清自汉以来，尤其是自宋明以来儒学所发展出来的两个不同层面及其不同的社会功能。而这正是我们探求儒学未来发展所必须和首先要搞清楚的问题。

四、与西方近代民主、科学思想交流融通的近现代新儒学

19世纪中叶以后，随着中国封建制度的逐步解体，当时以性理学为代表的儒学也走向了衰落。此时，在外国资本主义的武力、经济、政治、文化的侵略和渗透下，中国面临着亡国灭种的危急局面，一大批先进的中国人奋身而起，为救亡图存而斗争。而此时的儒学，不管在制度层面还是在思想意识层

面，都在相当程度上起着阻碍社会改革和进步的作用，以至戊戌变法的志士谭嗣同大声疾呼地号召人们去冲破封建礼教的罗网。儒学在西方经济、政治、文化的冲击下遭到了激烈的批判，从而到了不进行变革就无法继续生存下去的地步。

中国儒学的向近代转化，或者说把传统儒家思想与近代西方文化联结起来、融通起来，是从康有为开始的。康有为是中国近代最早、最有影响的资产阶级启蒙思想家之一。为了让自己维新变法的思想得以顺利实施，康有为打着托古改制的旗帜，借用儒学，特别是抬出孔、孟来宣传其维新变法的理想。康有为在宣传当时西方社会政治理论和哲学思想时，为了让当时的统治者更信任自己的理论，他将这些西方思想带入中国传统的儒家学说理论中，使这些西方思想找到以儒学为本理论依据，这无疑更利于取信于当时信奉儒学的统治者。同时，康有为还对孔孟学说作了许多新的解释和发挥，使其符合于当时人们所了解的西方文化，并以此证明他所推崇的传统儒学是完全合乎时代潮流的。

康有为对于儒学，特别是原始儒学孔、孟思想的崇拜和信仰是毋庸置疑的。他认为，传统思想文化中有某些基本的东西是绝对不能去掉的。但同时他又是一位主张变革维新的人。尽管他反对彻底取消君权的民主共和制，但他也反对固守封建君主专制主义，而主张资产阶级的改良主义和君主立宪制。所以，康有为自始至终是借儒家孔、孟思想来宣传西方近代的民主思想的，而不是为君主专制主义作论证的。同时，在康有为把儒家孔、孟思想与近代西方民主政治学说和哲学理论联系在一起的过程中，虽然有许多生搬硬套、牵强附会乃至幼稚可笑的地方，但是不能否认，其中多少包含着一些为使传统儒学向现代转化的探索和努力。

康有为

然而，康有为为儒学现代转化的探索并不成功。因为他所提倡的儒学依然

将政治和思想捆绑在一起,而从未想过将两者分开,这无疑在继续儒学为统治阶级服务的老路,这也是无法被传统儒学分子和锐意改革的创新者接受的原因。

20世纪20年代以后,由于清王朝已被推翻,封建专制政治制度从名义上讲也不再存在了。因此,除了一小部分当权者继续企图把儒学与社会政治制度联系在一起外,更多的人则是把儒学作为传统思想文化遗产,做学理方面的研究。这些人所关心的是,在西方文化冲击下如何会通儒学与西方文化,如何继承和发扬儒学的优秀传统,以保持民族的自主精神等问题。这时涌现出了一批关心儒学命运和前途的学者,如梁漱溟、熊十力、马一浮、钱穆、冯友兰、贺麟等,他们都在会通中西方文化的前提下,来解释儒学发展儒学,乃至建立起某种新的儒学体系。而他们的共同愿望,也可以说都包含通过对儒学的阐释,发扬民族传统文化,使其在当代人的思想道德修养和民族主体意识的确立方面发挥积极的作用。

宋明理学学说

宋明理学亦称"道学",指宋明(包括元、清)时代占主导地位的儒家哲学思想体系。汉儒治经重名物训诂,至宋儒则以阐释义理、兼谈性命为主,因有此称。理学实际创始人为周敦颐、邵雍、张载、二程(程颢、程颐兄弟),至南宋朱熹而集大成。

"理学"一名始称于南宋,朱熹曾说"理学最难",陆九渊也说"唯本朝理学,远过汉唐"。明代,理学成为专指宋以来形成的学术体系的概念。

宋元明时期,是中国文化和哲学发展的又一个高峰。由于宋明时期中国哲学的主要代表形态是理学,人们习惯上多以宋明理学的概念来称呼这一时期的哲学。

宋明理学是继魏晋把儒学、玄学改造之后,对儒学的"佛(佛教)老(道教)化"改造,是对隋唐以来逐渐走向没落的儒学的一种强有力的复兴。这个复兴儒学的运动,由隋唐之际的王通发其先声,由唐代中期以后的韩愈、李翱、柳宗元诸人继其后续,而至两宋时期蔚为大观,形成一场声势浩大、波

人类历史上的重要学说

澜壮阔而又影响久远的儒学运动。在时间上，这场儒学运动持续到明清之际，影响直至当代；在空间上，这场儒学运动不限于儒学的故乡，还牵涉到受儒学影响的东亚诸国，以至于在这些国家，所谓的儒学主要就是理学（或称性理学）。宋明理学是当时中国有抱负有思想的学术群体对现实社会问题以及外来佛教和本土道教文化挑战的一种积极回应，他们在消化吸收佛道二教思想的基础上，对佛道二教展开了一种与孟子"辟杨墨"相类似的所谓"辟佛老"的文化攻势，力求解决汉末以来中国社会极为严重的信仰危机和道德危机。

理学有广义狭义之分。广义理学就是指宋明以来形成的占主导地位的儒家哲学思想体系，包括：①在宋代占统治地位的以洛学为主干的道学，至南宋朱熹达顶峰的以"理"为最高范畴的思想体系，后来习惯用"理学"指称其思想体系。②在宋代产生而在明代中后期占主导地位的以"心"为最高范畴的思想体系。以陆九渊、王守仁为代表的"心学"。狭义理学则专指程朱学派。

朱　熹

代表人物：北宋的周敦颐、张载、程颢、程颐、邵雍，即"北宋五子"；南宋的朱熹、陆九渊；明代的王阳明。就主导思潮而言，理学代表人物可概括为"程朱陆王"。

主要派别：按现代学术界的通常做法，可以把宋明理学体系区分为四派，即气学（张载为代表）、数学（邵雍为代表）、理学（程朱为代表）、心学（陆王为代表）。

宋明理学所讨论的问题随不同时期、不同流派而有所不同。理学与唐以前儒学尊《五经》一个重要不同之处，是将《四书》作为尊信的主要经典。价值体系和功夫体系都在《四书》。《六经》为粗米，《四书》为熟饭。理学的主要根据和讨论的问题都与《论语》《孟子》《大学》《中庸》紧密相关。理学

讨论的主要问题大体是：理气、心性、格物、致知、主敬、主静、涵养、知行、已发未发、道心人心、天理人欲、天命之性、气质之性等。

概括说来，理学讨论的问题主要有：①本体论问题，即世界的本原问题。在这个问题上，理学家虽然有不同的回答，但都否认人格神和彼岸世界的存在。张载提出"气本论"哲学，认为太虚之气是万物的本原。二程建立"天即理"的理本论哲学，认为观念性的理是世界的本原。朱熹提出理为"本"，气为"具"的学说。②心性论问题，即人性的来源和心、性、情的关系问题。张载提出天地之性与气质之性和心统性情的学说，认为天地之性来源于太虚之气。程颢提出了心即天以及性无内外的命题，把心、性、天统一起来。程颐则提出性即理的命题，把性说成形而上之理。朱熹认为心之本体即是性，是未发之中；心之作用便是情，是已发之和；性和情是体用关系，而心是主宰。③认识论问题，即认识的来源和认识方法问题。张载首先提出"见闻之知"与"德性之知"两种知识，并提倡穷理尽性之学，成为理学家共同讨论的问题。二程提出"格物致知"的认识学说；朱熹提出"即物穷理"的系统方法。

张　载

宋明理学是中国古代社会后期有思想有见识的中国人，在思考和解决现实社会问题与文化问题中所产生出来的哲学智慧，它深深影响了中国古代社会后半期的社会发展和文明走势，现代的中国人仍然不得不面对由它所造成的社会及文化结果。然而也正是这个智慧成果，成功地回应"佛老"而使儒学重新走上正统地位。

我们研究理学哲学智慧，不仅在于了解它对回应与解决当时社会与文化问题作了怎样的解答，更重要的还在于通过对它的分析来帮助我们思索一些诸如

"什么是中华民族的精神"、"如何正确回应外来文化"、"如何正确面对和处理社会成员中普遍存在的信仰危机和道德危机"等对当代仍为重要的哲学问题。重新树立国人的信仰，正是理学智慧的意义所在。

休谟的不可知论学说

休谟是18世纪英国近代不可知论的主要代表。他继承了贝克莱的主观唯心主义，他认为外在世界是否存在是不可知的，他把世界的一切归结为主观现象或经验，否认心理活动的客观来源和生理基础，提出不可知论。

休谟接受了贝克莱"一切知识都以经验为来源，而经验是没有客观内容的。因此，在心灵面前，除了知觉以外，就再也没有任何事物了"的观点。不过，休谟认为贝克莱的观点不够彻底，因为贝克莱一方面断言事物不过是感觉和感觉的集合，感觉之外无事物；但在另一方面，他又肯定了精神实体（例如自我——感觉者）的存在，而

休 谟

精神实体是在感觉以外的。休谟指出，贝克莱在这里是不能自圆其说的。休谟认为既然一切都是感觉，那么，感觉以外的任何东西，无论是物质实体还是精神实体，都是不能肯定它是否存在的。因为要肯定它的存在，就必须越过感觉、知觉的范围，而人是不能越过这个范围的。由此，休谟得出这样的结论：世界上存在的只有心理的知觉、感觉，此外是否有真实的存在，那是不可能知道的。休谟的这种观点，我们叫做"不可知论"。

休谟的不可知观点是彻头彻尾的，他不仅怀疑客观实体在物质上的存在，同时也怀疑它在精神上的存在。所以，照他看来，神的本质、特征、能力、作用等，都是我们所不能证明的，我们的心根本就做不到这件事情，他的学说内

容在下面将具体介绍。

一、一切观念来自感觉——知觉论

休谟根据贝克莱关于知识来自经验的基本观点，把由经验得来的一切知识叫做"知觉"。他把知觉分为两种：一种是由感觉和反省直接得来的知觉，叫做"印象"；一种是印象的摹本，叫做"观念"。印象和观念之间的差别正是感觉和思维的差别。

休谟认为，一切知觉都可分为印象和观念。从一般原则上讲，观念是来源于印象的，但是他更进一步地将印象根据不同的需要分为简单和复杂，感觉和反省印象，观念也随之有简单和复杂之分；知觉又有原始和主次之分。因此，更为准确地说，观念来源于印象。我们的一切思想、观念无论多么复杂，都可以分解为简单观念，并最终还原为相应的印象。不能还原为印象的观念，就不是真实可靠的观念。休谟继承了经验论和感觉论的原则，反对"天赋观念"，认为一切知识归根到底都来源于感觉。这是休谟哲学的第一条原则，他的全部不可知论哲学就是以这条基本原则为出发点来论证出来的。

既然一切观念都来自感觉印象，那么感觉印象从哪里来的呢？在这个问题上，休谟做出了与贝克莱都不同的回答，走上了怀疑论和不可知论的道路。他认为，对感觉的来源问题只能抱着存疑的态度，因为人类的理性完全不能够作出解释。人类永远不可能断定，印象是直接由对象发生的，还是被心灵的创造能力产生的，还是从造物主那儿得来的。感觉经验不能超出自身之外去解决自身的来源问题，它本身就是一个虚假的概念。以上就是休谟不可知论的最基本的观点。

为了论证这个基本观点，休谟既反对唯物主义也反对贝克莱的唯心主义。他既不同意感觉来源于外部世界，也不认为感觉来源于精神实体。在休谟的认知中，想象是自由的，但是会受到印象的制约，所以想象必须遵循某些原则或性质，否则想象的观念就无法被人理解。不过，休谟又认为"这种联系已被排除，在想象之外，所以我们也不应该断言，如果没有这种联系，心灵便不能结合两个观念。"休谟将这种联系看做占优势的一种温和力量。所以，回避了存在于思维这个哲学的基本问题后，休谟就在唯心主义和唯物主义之间动摇着，加上他不愿意对日常生活和自然科学采取虚无主义的态度，于是休谟宣

称，他的哲学是温和的怀疑论。

二、因果的观念来自经验——因果论

因果性问题是休谟哲学的核心内容，通过这个问题进一步论证了他的经验论和不可知论。

休谟把科学分为两种：一种是研究观念的关系的，如几何、代数、三角等，它们只凭直观或证明就可以发现其确切性；一种是研究实际的事情的，即实证科学，它没有直观的或证明的确定性，而是在因果关系的基础上进行推理的。那么，因果关系的本性是什么呢？人们又是怎样形成关于因果关系的观念呢？

休谟强调，关于因果性的观念不是从先验的推论来的，而是从经验得来的。他指出，要形成因果关系的观念，必须有三个条件：第一，被认为具有因果关系的两个对象在空间上一定是接近的；第二，这两个对象在时间上应该有因先于果的接续关系；第三，这两个对象之间的联系应该具有必然性。第三个条件最重要。那么，原因和结果之间的必然联系是如何得出来的呢？

休谟认为，原因和结果是两个完全不同的事物，它们关系的揭示，并不是凭借理性，而是凭借经验。

在经验中，休谟发现仅仅是一个事例还不能得出因果观念，但是同样一些对象恒常地结合在一起，便会使我们想象它们的联系，并开始由此推断出它们的关系来。也就是说，相似事例的重复出现是因果关系的本质，也是必然性所以发生的根源。这些重复的例子是不能产生新的性质，作为必然观念的原型。因为它们是相互区别又相互分离的。但是人们在对于这种重复的观察中却可以在心里中产生一种新的印象，即习惯，成了因果观念的真实范本。休谟说，我们经常观察到两个事物的恒常会合，这种恒常会合反复出现之后，会使人的心灵养成一种习惯，当其中一个事物出现时，我们的思想自然而然就转移到它的那个恒常伴随事物上。于是，人们便把这两个事物中的前者称做原因，把后者称做结果。

三、上帝的存在不可知——宗教怀疑论

宗教问题是休谟哲学思想的一个重要组成部分，他从经验论出发，达到宗

教怀疑论,自始至终对宗教持批判态度,而且越来越坚定。首先,休谟指出,关于上帝存在与否是个悬而未决的问题,人们头脑中具有的上帝观念,完全是个超越经验的形而上学问题,在经验中并无真实存在。据此,他对有神论者的种种论据,用大量篇幅进行了驳斥。

在休谟的宗教理论中,最使权威派人士恼火的,是他对宗教的社会作用的揭露与批判。他认为,历来的宗教教义在本质上都是违反理性和自然的。宗教存在的基础,是迷信和狂热。宗教所造成的灾难到了近代的基督教达到顶点:不仅靠迷信,还制造了种种理论来为自己辩护,从而扼杀了自由,败坏了道德,阻碍了人类的进步,使人的理智迟钝、心情冷酷、口是心非,成为伪君子。他表示相信,只有人类进入没有宗教的时期,才能得到真正的幸福和繁荣。休谟对宗教的批判态度,引起教权派人士的仇恨。这不仅使他两次失去在大学教书的机会,甚至在他死后,一些狂热而愚蠢的教徒还要扒他的坟,焚他的尸。

然而,休谟毕竟还不是一个无神论者,他在宗教问题上是动摇和矛盾的。他批判宗教的目的不过是要约束教权、反对教会的专横和主张宗教宽容。他认为,上帝的存在无法由理性证明,却可以由信仰作基础。宗教对于维护社会安宁、约束平民百姓的行为是有用的,而有识之士的宗教信仰恰恰应该与他们的怀疑论精神合而为一。

休谟在宗教问题上的态度,同他在哲学上的中间派立场、不可知论哲学的内在矛盾有密切的联系,并且归根到底是非常曲折而复杂地反映了当时资产阶级在科学与宗教问题上的矛盾处境。

休谟的哲学不仅是时代的产物,也是英国经验论哲学发展的必然结果,在近代西方思想史上起着重要的承上启下的作用。他的怀疑论对于冲破陈旧的思辨形而上学哲学体系起到了一定的积极作用,并同法国思想家的反神学斗争遥相呼应。当然,他的带有浓厚经验主义实证色彩的不可知论的消极影响,也是不可低估的。康德的不可知论,以及现代西方的实证主义、实用主义、分析哲学等思潮,均以休谟为直接思想先驱。

孔德的实证主义学说

孔德的实证主义是现代哲学的一个大转型。实证主义又称实证论，其新论点是：事实必须是透过观察或感觉经验，去认识每个人身处的客观环境和外在事物。实证论者认为，虽然每个人接受的教育不同，但他们用来验证感觉经验的原则，并无太大差异。实证主义的目的，在于希望建立知识的客观性。

孔德认为人类并非从一出生就知道万事万物，必须经由学习过程，从不同的情境中获得知识。透过直接或间接的感觉、推知或体认经验，并且在学习过程中进一步推论还没有经验过的知识。超越经验或不是经验可以观察到的知识，就不是真的知识。它不是去预先假设人类是如何得到知识的，也不提供关于知识的心理学或历史学的基础。实证主义是关于人类认识活动的一套规则或评价标准，它告诉我们关于世界陈述中的哪些内容是属于知识的范围，并为我们提供可以用来区分能够与不能够合理地提出问题的准则。因而，实证主义是一种规范的态度，关涉我们如何使用"知识"、"科学"、"认识"、"信息"等术语。同样，实证主义的原则也区分了哲学和科学的争论中哪些属于值得深入探索的问题，哪些又属于不可能得到解决或不值得考虑的问题。

孔德在其所写的《实证哲学》一书里，认为人类进化分成三阶段：一是神学阶段，人类对于自然界的力量和某些现象感到惧怕，因此就以信仰和膜拜来解释面对的自然界变化；二是玄学阶段，人类以形而上或普遍的本质阶段解释一切现象；三是实证阶段，也就是科学的阶段，人类运用观察、分类以及分类性的资料，探求事物彼此的关系，此法获得的结果，才是正确可信的。

实证主义反对神秘玄想，主张以科学方法建立经验性的知识。这种思想恰巧与柏拉图的理论相反，柏拉图认为只有观念才是真实的，感官都是虚幻的。所以实证主义的基本特征是将哲学的任务归结为现象研究，以现象论观点为出发点，拒绝通过理性把握感觉材料，认为通过对现象的归纳就可以得到科学定律。它把处理哲学与科学的关系作为其理论的中心问题，并力图将哲学融于科学之中。

孔德所处的时代具有两大特征：其一，经过大革命洗礼之后的法国，思想

极端混乱，社会失范严重，因而如何重建社会的秩序就成为整个19世纪法国思想界的一个中心议题；其二，19世纪欧洲自然科学取得了巨大成就，尤其是以牛顿力学为核心的经典物理学获得了空前的成功，并逐渐达到登峰造极的地步。与此同时，技术进步越来越快，人们征服和改造自然的能力有了极大的提高。社会秩序的混乱和自然科学的成就这两大极不和谐的时代特征异常强烈地刺激着当时法国思想界的有识之士，燃起了他们改造社会的热情和希望。有着丰富自然科学知

孔 德

识的孔德就是在这样的背景下形成他的社会理论和哲学思想的。针对时弊，孔德认为只有参照自然科学的模式来改造和重整社会研究，使之科学化，并最终在理论上将自然知识和社会知识依照科学的原则统一起来，才能消除思想上的混乱，重建社会的秩序。通过对各门自然科学的系统考察，结合对人类社会的历史的和综合的研究，他提出了作为实证哲学核心的实证原则，认定该原则乃是一切科学研究的根本原则，它已使自然科学获得了巨大成功，有理由相信它同样会使社会科学研究获益匪浅。

　　在这个宣扬理性主义及科学思想发端的时代，在"科学万能"思想的冲击下，人们对形而上学产生怀疑，逐渐以注重经验的科学方法观察、研究事物，探求事实的本原和变化的现象。孔德从秩序、进步的原则出发提出他的社会学构想。他反对一切空想的、批判的学说，把重整法国革命后社会动荡的希望寄托在工业社会自身的秩序上，最终以建立一种普遍人性的新宗教作为他的社会学任务。孔德认为，在整个世界发展中，群体、社会、科学甚至个人思想都经历了神学（幻想）、形而上学（抽象）、科学（实证）三个阶段。在孔德看来，实证原则乃是人类心智不断进化的产物，是人类认识水平的最高体现。孔德认为只有进入了实证阶段（即科学阶段），人类所获得的知识才是真正有

价值有意义的。

孔德指出，各门学科进入实证阶段的先后次序取决于它们所研究现象的普遍性、简单性和独立性的程度；普遍性、简单性和独立性程度越高的学科，越先进入实证阶段，反之则越后进入实证阶段。因此，天文学（除了数学）是最早进入实证阶段的，其次是物理学、化学和生物学，而社会学因其研究的现象最特殊、最复杂、最依赖于其他现象，所以最后进入实证阶段。各学科进入实证阶段的次序与孔德科学分类的基本思想正相吻合。他确信科学是一个有机的系统，分支性的具体科学并非杂乱无章，而是相互关联的。按照各相应学科所研究对象的复杂性递增和普遍性递减原则，可将所有抽象的科学分为顺序相关的六类：数学、天文学、物理学、化学、生物学、社会学。数学之所以排在第一位，是由于所有种类的现象都遵循数学的规律，数学是所有种类的思维中最一般、最单纯、最抽象、最独立的东西，是人们探求各种现象之规律的最强有力的工具。显然，孔德非常重视数学在科学研究中的基础作用。孔德科学分类原理，充分体现了各门科学的相互依赖性，而将所有这些科学统一起来的基础正是实证原则。孔德认为到了他所处的那个时代，各门自然科学已相继进入了实证阶段，而关于社会现象的研究却还停留在形而上学乃至神学阶段，他赋予自己的一项重要历史使命就是促成社会研究贯彻实证原则，早日进入实证的科学阶段。

在谈到实证哲学的基本特性时，孔德一再指出："这种哲学将所有现象看成服从某些不变的规律。它认为探索某些初始的原因或终极的原因都是无意义的。"又说："科学的目标就是发现规律，所有这些规律的总和决定了社会发展的进程。"按照实证原则，只有找到了规律或提出了能接受经验检验的假说，才能对有关的事实做出有效的解释。"对事实的解释不过是基于特殊现象与一般事实之间的联系，而这些一般事实的数目随着科学的进步将会越来越少。""实证体系倘若达到了完善的地步，它将一切现象看成是一个唯一的总事实（如重力）的特例。"孔德这里所说的一般事实或总事实显然是理论抽象的产物。如果孔德的意思是指随着科学的不断发展，科学理论将会越来越抽象，蕴涵越来越多的经验内容，那么他是完全正确的。现代科学的发展史证明了这一点。关于这个问题，孔德的另一段话有助于我们理解他的观点："科学的进步是在不断地扩展推广事物之间的联系的前提下，减少明晰而独立的规律

的数目。"20世纪的科学巨人爱因斯坦也曾指出："理论物理学家的目的,是要以数量上尽可能少的、逻辑上互不相关的假说为基础,来建立起概念体系。如果有了这种概念体系,就有可能确定整个物理过程整体的因果关系。"确实,当今的科学(无论是自然科学还是社会科学)仍然致力于发现孔德所说的那种规律,而且现代科学的最高理想仍然是以尽可能少的理论公设,通过演绎的方式解释和预测尽可能多的经验事实。当然,企图发现"唯一的总事实"或决定一切现象的运动规律看来是无法实现的。孔德也意识到了这点,他说由于知性的局限,人类永远不可能达到那种完美的理想境界。现在越来越多的人进一步认识到现实世界具有无限的方面和属性,要想以任何一种理论来把握这无限的整体是不可能的。因此,即便是科学理论也具有不完全性,它不过是从特定目标出发对无限现实整体的特定方面和属性所作的一种概念上的选择性重构。不过,这并不等于说科学不能在特定范围内接近自己的理想目标,更不等于说科学不应有自己的理想。

孔德十分推崇经验主义的大师培根、休谟,而且对理性主义的巨擘笛卡尔也格外尊敬,并从其哲学思想中吸取丰富的营养,甚至自称是笛卡尔的继承者或补充者。他一再强调:"从科学的观点看,一切孤立的唯经验的观察都是无用的和不确定的:科学必须将观察同一个规律(至少是假设的规律)联系起来。这种联系是区分学者式观察和普通人观察的一个准则。""对于所有现象,即使是最简单的现象,任何观察只有经过理论的指导和解释才是有效的。"孔德的观点十分明朗:科学的观察离不开一定的理论做指导,理论和事实是相互联系的。他并没有简单地肯定存在某种中性的观察,而是至少隐含地表达了这样的看法:任何观察既不可能也没有必要是完全客观的,观察要受到人们的背景知识的影响。无疑,孔德的上述见解极为深刻。

孔德所处的时代,神学思想已属过去,支配现代人的将是科学思想;封建君主制度也正在消亡,取而代之的是以科学思想为指引的工业社会;人类理智的性质和发展阶段决定着社会秩序的组成和社会进步的类型;与人类理智发展的神学、形而上学和实证科学三阶段相对立的社会组织形式,分别为神权政体、王权政体和共和政体。这样孔德就把人类社会历史完全归结为人类的理智发展史,因而与理智发展最高阶段相匹配的社会组织形式——工业社会就具有了普遍的、全人类的品格。孔德认为,为了获得实证知识,要采用四种方法,

即观察法、实验法、比较法和历史法。贯穿在这些具体方法中的基本原则就是坚持统一的科学观,即认为社会同自然并无本质的不同,没有必要在自然科学和社会科学之间做出划分。这一思想,为后来的实证主义社会学奠定了方法论基础,也成为长期争议的问题。

孔德按物理学的分类方法,把社会学分为社会动力学和社会静力学。他认为社会动力学是从社会变迁的连续阶段和相互关系的过程来研究社会发展和进步的规律;社会静力学旨在研究社会各个不同部分的结构关系,以及彼此间持久不断的相互作用和反作用,也就是研究个人生活、家庭生活和社会生活几个不同层次的结构和相互关系的各个方面。孔德主张把社会静力学和社会动力学看做是密切联系的和相互补充的科学。他认为进步如果不同秩序结合在一起,进步就不能持久;秩序如果不与进步共存,真正的秩序也无法建立。

孔德的实证主义张扬了科学的基本精神。实证原则所体现的实证精神和实证方法与现代科学的基本精神和基本方法在主要方面是一致的。通过大力树立科学的权威,实证原则为改造传统社会研究、推动社会研究科学化作出了积极贡献。实证主义乃是现代科学哲学中形成最早持续最久的一个学派,孔德更被一些学人尊为科学哲学的先驱。而且,实证主义及其发展在整个现代科学哲学中还起到了一个"参照标准"的作用,众多其他的科学哲学流派大都是为弥补实证主义之不足或批判其理论上的谬误而发展起来的。孔德认定社会科学属于以自然科学为起点的一个统一的科学系统,且是整个科学序列的最高层次,尽管不同的具体科学都有自己的研究特点,但这不妨碍它们拥有相通的理论原则和一些共同的研究方法。历史表明,实证原则的提出为自然科学和社会科学的相互融合的趋势起到了一定的推动作用。孔德开启了社会学实证主义传统的先河,他的一些思想为迪尔凯姆等人从不同方面加以继承和发展,成为一百多年来西方社会学发展中的主流。由于阶级和历史的局限性,他的思想中有许多不切实际的成分。但是他的实证科学理想,激发了后来几代人为把社会学变成一门科学而辛勤努力,使这门相对较晚出现的学科成为当代社会科学知识体系中不可缺少的部分。也正因为如此,人们把他尊为社会学的创始人、奠基人或是社会学的命名人。

叔本华的生命意志主义

　　意志主义是现代西方哲学特别是现代西方人本主义哲学的起始点，也是现代西方哲学第一个影响深广的哲学派别。叔本华是该学派的创始人，尼采和柏格森则是其后期的著名代表。与以"拒斥形而上学"为基本口号的实证主义思潮不同，意志主义要求改造和重建形而上学。而作为一种形而上学的意志主义哲学的基本范畴是所谓意志，即一种超验的本体，亦即一种无意识的生活欲望，叔本华称之为"生命意志"或"生活意志"，尼采称之为"力量意志"，柏格森称之为"生命冲动"。他们的哲学之所以被称做意志主义，概源于此。

　　叔本华是一个和黑格尔同时代的德国哲学家，而且他和黑格尔一样，也是从对康德批判哲学的批判开始其哲学事业的。但是，黑格尔把康德的批判哲学引向了极端理性主义，并构建了近代哲学史上最博大的理性哲学体系，而叔本华则把康德的批判哲学引向了非理性主义，并创建了现代西方哲学人本主义的第一个形态——意志主义。

　　叔本华是一个反理性主义的思想家，也是一个极端的悲观主义者。唯我主义的唯心论、唯意志论的哲学构架、反理性主义的哲学立场和悲观主义的人生观构成其哲学思想的全部。唯我主义的唯心论是叔本华哲学体系的第一块基石和出发点。他认为"世界是我的表象"是一个真理，是对于任何一个生活着的人与生物都有效的真理。从这一个命题出发，他指出世上的一切，都具有以主体为条件，并为着主体而存在的性质。同时，他又指出单独构成世界另外一个方面的东西，那才是真正内在的、本质的东西，它就是意志。所以叔本华的第二命题，也就是他哲学的核心，就是"世界是我的意志"。叔本华在完成他的唯意志论哲学体系的基本构造的同时，提出了他的反理性主义的哲学立场。叔本华从形而上学的理论层面上体现了唯意志主义；从人生伦理学的理论层面上则表现为人生悲观主义，勾画了一幅痛苦人生的画面，也因此促成了非理性哲学的诞生。

　　叔本华早年在英国和法国接受教育，能够流利地使用英语、意大利语、西班牙语等多种欧洲语言以及拉丁语等古代语言。他最初被迫选择经商以继承父

人类历史上的重要学说

叔本华

业，在父亲死后他才得以进入大学。1809年他进入哥廷根大学攻读医学，但把兴趣转移到了哲学，后来，他以《论充足理由律的四重根》一文获得了博士学位。歌德对此文非常赞赏，同时发现了叔本华的悲观主义倾向，告诫他说："如果你爱自己的价值，那就给世界更多的价值吧。"

1814~1819年间，叔本华完成了他的代表作品《作为意志和表象的世界》。这部作品受到了印度哲学的影响，被认为是将东方和西方思想融合的首部作品。虽然发表后无人问津，这部作品还是为他获得了柏林大学编外教授的资格。叔本华不喜欢黑格尔，在担任柏林大学的编外教授后，他想给黑格尔一个下马威，因此选择与黑格尔同一时间授课，希望能通过听课的人数来与黑格尔决一胜负。但黑格尔当时正处于他声名的顶峰，叔本华自然没能成功，很快他的班上就只剩下两三个人，最后一个也不剩了，他只能凄凉地离开柏林大学。

1833年，在柏林大学受挫的叔本华移居法兰克福，并在那儿度过了最后寂寞的27年。1837年，他首次指出康德《纯粹理性批判》一书第一版和第二版之间的重大差异。之后他出版了多种著述，1841年出版了《论意志的自由》和《论道德的基础》两部论文合集，为他打开了在哲学界的名气，但是真正去买并且认真读的人依然很少。1844年，在他的坚持下，《作为意志和表象的世界》出了第二版。第一版此时早已绝版，且未能引起评论家和学术界丝毫兴趣，第二版的购者结果也寥寥无几。1851年，他完成了对《意志和表象的世界》一书的补充与说明，结果就是这篇以格言体写成的《附录与补遗》使他获得了声誉，使他瞬间成了名人。

对于叔本华而言，世界分为两部分：一部分是表象，一部分是意志。主体

是认识一切而不被任何事物所认识的，是世界的支柱，我们每个人正是这样一个主体。而客体则是我们通过先验的时空范畴去认识的事物，比如我们的身体。主体和客体共同构成作为表象的世界，故而是不可分的。叔本华认为人们的先天认识只有时间、空间和因果律，而这些东西都只在表象间发挥作用、形成联系，和意志本身无关。感性、知性和意志之间不存在因果关系。所以一切表象的存在都是意志的客体化。他认为一切表象的存在源于两种完全不同的形式，其一是感性和知性，其二是意志。

人的一切行为是由意志活动和行为活动两方面构成的，在叔本华看来两者是具有同一性的。这里他好像犯了个错误，即我们通常认为想做某件事和去做某件事有着不可逾越的鸿沟，是完全不同的两码事，这是曲解了叔本华关于意志的定义。在叔本华看来，意志活动不是感性和知性，即思考过程的那种活动，因为这种活动属于表象，和物自体即意志无关。意志只在行为活动中使自己现身。事实上它应该被理解为某种无法抑制的冲动，确切地说是盲目的冲动，某种非理性的欲求。我们所有的行为都是这种盲目的冲动，一切表象中的活动只是使我们感觉自由的假象。意志是一种不能被克服的东西，我们每一行为都是意志的现身。

对于那些非生命体，纯粹物理的对象，意志似乎并不存在，但叔本华驳斥了这种观点。他认为在无机的自然中，意志通过普遍的自然力使自己获得客体化。就像人类行为一样，意志就在那往下掉落的石头中使自己现身。这样，意志最终呈现的问题被解决了。在叔本华那里，意志实质上就是控制我们所处的表象世界的外在因素。

叔本华的主要哲学著作的标题为《作为意志和表象的世界》，这就表明，他认为世界犹如一块硬币，有表层和下层这样两个层面，如果就表面看，我们所在的世界是一个"表象世界"；如果就其"最内在的本质"看，则世界就是"自在之物"，就是一个"意志世界"。意志即生命意志，既然是自在之物，则时间这种仅仅适用于表象世界的直观形式就完全不适用于它。这就是说，生命意志是超时间的，是在时间之外的。产生、消灭、诞生和死亡这些字眼统统不适用于它。

叔本华指出，从经验的观点看问题，人的终止亦如他的开始一样实在，而且就如在生前我们不曾存在一样，到了死后我们仍将不再存在。但是，现在整个

经验知识提供给我们的却只是现象。因此，只有现象才卷进有生有灭的时间过程中，而那种在现象中显现自己的东西即自在之物则不是这样。生成的对立面根本不存在，它在这里已经失去了意义。而且，我们不仅不能够说我们作为生命意志在死后完全毁灭了，我们甚至也不能说我们的生命意志在死后继续存在。因为"停止"和"继续"这些时间概念只适用于经验对象，只适用于表象世界，而根本不适用于作为自在之物的生命意志。

叔本华认为，对于生命意志来说，是既无所谓过去又无所谓未来的。过去和未来只是人的理智的主观形式，只存在于概念和幻觉之中，它的唯一的形式便是现在。他认为，如果我们对死亡和生命意志有了这样一种形而上学的见解，则我们就会在任何场合都肯定生命，也就可以有信心地把生命看做是无穷无尽的，而把死亡的恐惧当做一种幻觉驱逐掉。

禁欲和无我是叔本华道德哲学的两个侧面，其关系颇似于一块硬币的两面。在叔本华的哲学中，他讲的意志否定过程同时就是一个不断解决人我关系的过程，也就是不断地超越个体性，把自我提升到族类的过程，从而达到无欲无我涅槃世界的过程。

叔本华还认为意志的否定只能是意志的自我否定，而这样的否定只有通过意志的自我认识才有可能达到。所谓对意志的自我认识，也就是要"看穿个体化原理"，看到人作为一个个体，其全部生活无非是"不断的生灭，徒劳的挣扎，内在的冲突，常住的痛苦"，要看到凡个体必然有生有死，看到个体死亡并不触犯生命意志。而这样一种认识也就可以成为我们意志的"清静剂"，成为我们压抑和取消欲求、达到意志否定的"催化剂"。叔本华在谈到这一层时说："对于整体大全的认识，对于自在之物的本质的认识，就会成为一切欲求的和每一欲求的清静剂。意志从此便背弃生命：生命的享受现在使他战栗，他在这些享受中看到了生命的肯定。这时这个人便达到了自动克制欲求的与世无争的状态，达到了真正无所为和完全无意志的状态。"

萨特的存在主义学说

让·保罗·萨特是20世纪法国最重要的哲学家之一，他是法国存在主义

的主要代表人物。存在主义又称生存主义，当代西方哲学主要流派之一。这一名词最早由法国有神论的存在主义者马塞尔提出。存在主义是一个很广泛的哲学流派，主要包括有神论的存在主义、无神论的存在主义和存在主义的马克思主义三大类。

存在主义的根本观点是：把孤立的个人的非理性意识活动当做最真实的存在，并作为其全部哲学的出发点。存在主义自称是一种以人为中心，尊重人的个性和自由的哲学。存在主义超出了单纯的哲学范围，涉及西方社会精神生活的各个方面，在文学艺术方面的影响尤为突出。

法国在"二战"中充满消极颓废、悲观失望情绪，在知识分子中形成一种由于苦闷、孤独、被遗弃、找不到出路而玩世不恭、放荡不羁的风尚。于是，标榜将个人的生活、自由、存在放在第一位的萨特的存在主义受到极大欢迎，被资产阶级和知识分子当做最时髦的哲学。至20世纪50～60年代，它成为全欧最流行的哲学思潮。

"二战"后，存在主义在法国思想界占据重要地位，确立了基督教存在主义。一些作家通过文学创作进行宣传，扩大了存在主义的影响。法国的存在主义基本上分为两大派：以西蒙娜·魏尔、加布尔埃尔·马赛尔为代表的基督教存在主义；以让·保罗·萨特、阿尔贝·加缪、德·博瓦尔为代表的无神论的存在主义，它又称萨特的存在主义，或简称存在主义。

萨特

萨特将存在分为两种：自在的存在和自为的存在。自在的存在是一个物体同其本身等同的存在。自为的存在同意识一起扩展，而意识的实质就在于它永远是自身。萨特认为，我们的思想超越自身、超越一切，因此人类的存在永远是自我超越的，即我们在存在中永远超越自我。因此，我们

无法占有我们的存在，我们的存在永远在我们自身之外，也就是说，存在先于本质。

萨特在研究基督教存在主义哲学的基础上，抛弃了克尔凯戈尔的宗教神秘主义，继承并发展了胡塞尔的非理性主义，形成了他自成体系的哲学思想——无神论的存在主义。从此，存在主义哲学的发展跨入了一个新阶段，这就是通常所说的当代存在主义哲学。

存在主义哲学大致有以下几种观点：

一、存在先于本质

"存在先于本质"为萨特所提出，代表了存在主义的形而上学。这种形而上学同西方传统的形而上学有着本质的不同。传统的形而上学一般给"本质"赋予了普遍的、抽象的以及形式的特征，而且一般认为在时间上来说，本质先于存在。

存在主义认为，本质先于存在不是一种绝对的、普遍的规定，它只适用于物，而不适用于人。人的存在先于他的本质，其意义就是说他必须先存在，然后才创造他自己。但是存在并不创造他，他是在存在的过程中创造他自己的。萨特说过，"说存在先于本质，这里是指什么呢？首先是人存在、出现、登场，然后才给自己下定义。按照存在主义者的看法，如果人是不能下定义的，那是因为在最初他什么也不是，只是到后来他才是某种样子的人，而且是他本人把自己造成了他所要造成的那样的人……人不仅是他想把自己造成那样的人，而且也是当他冲入存在以后，决心把自己造成那样的人。人，除了他把自己所造成的那个样子以外，什么也不是"。这段话的意思是除了人的生存之外，没有天经地义的道德或体外灵魂，道德和灵魂都是人在生存中创造出来的；人没义务遵守某个道德标准或宗教信仰，人有选择的自由；要评价一个人，要评价他的所作所为，而不是评价他是个什么人。可见，人的本质是人自己通过自己的选择而创造的，不是别人给定的。萨特的这一段话也更有助于我们理解存在主义之"存在"的含义。

二、存在是偶然的、荒诞的

存在主义认为，包括人的存在在内的所有的存在都是偶然的，是偶然发生

的事物。但这并不是说，物质的宇宙杂乱无序，毫无规律、法则可言，也不是说科学对物质世界研究所发现的规律完全虚幻，不可信赖。只是说，无论对于人还是物质的宇宙来说，都没有任何先定的东西。

所谓偶然，是指物质世界的存在是没有理由的，也不是根据某种绝对的观念、思想或精神演绎出来预先具有一定意义的。

既然所有的存在都不是决定的，而是偶然的，所以，存在是不确定的。由此可以推知，从根本上讲，存在是荒诞的。

因此，我们没有任何理由事先决定事物应该这样而不应该那样，同样，我们也没有理由事先决定人应该这样而不应该那样。

关于荒诞这个问题的解决，有神论的存在主义者提出的途径是宗教信仰，而无神论的存在主义者则认为应该行动起来为自己争得生命的意义，创造自己的价值。

三、自由和选择

存在是偶然的、荒诞的。对于人来说，人首先存在着，然后通过自己的选择去决定自己的本质。所以，人有绝对的自由，人的存在同人的选择以及为自己的选择负责是分不开的。

萨特认为，人的自由是绝对的，因为人生活在一个孤立无援的世界上，人是被"抛"到世界上来的，上帝、科学、理性、道德等对人都不相干，也就是说，它们都不能告诉我们生活的真理、生活的方式，同时，它们对人也没有任何的控制和约束的作用。正因为如此，人有绝对的自由。

存在主义认识到，人的自由表现在选择和行动两个方面。只有通过自己所选择的行动，人才能认识到自由，因为人的本质是由自己所选择的行动来决定的。

存在主义认为，个人的自由首先表现在他认识到由于受传统文化和习俗的束缚而缺乏自由，因此对于人来说，最重要的是认识选择的重要性，并按照自己的选择去行动和承担生活的责任。

四、人与人之间的关系

人与人之间的关系是存在主义者共同关心的一个问题。不同的存在主义者

对这个问题有着不同的看法，但是，他们都认为，他们可以理解他人，他人也可以理解他们，分歧在于：他们将他人或他人将他们当做物还是当做有主观性的人。

在人与人的关系这一点上，海德格尔、萨特基本上属于一个类型，即他们认为，个人与他人的关系是对立的，实际上是一种主体与客体、人与物的关系。而以布贝尔和马塞尔为代表的另一派主张则与之相反。

海德格尔认为，一个人在世界上必须同其他人打交道，他和其他人的关系是"麻烦"和"烦恼"。同其他的人相处，必将产生无限的烦恼，他或者与其他人合谋，或者赞成他人，或者反对他人。

萨特认为，他人就是地狱。在萨特看来，他人乃是一个存在的客体，这种客体不同于物，它不但存在着，而且还对他构成了威胁，因为它是自由的物体。在它的"目光下"，它可能把他变成物。在这种情况下，一个人要从他人的目光或他人的地狱中解脱出来只能有两种途径：或者心甘情愿地做别人的物，或者使他人做自己的物，去操纵他人。

从"人有选择的自由"到"他人是地狱"，这两种观点看起来是相互矛盾的，其实不然。人有选择的自由，但是对于选择后的结果，每个人又有着无法逃避的责任，人在选择过程中，面对最大的问题是他人的选择，因为每个人都有选择的自由，但每个人的自由选择又会影响他人的自由，所以他人就成了自由选择之人的地狱。

五、人生是一场悲剧

在存在主义者看来，人生活在一个与自己对立的、失望的世界之中，人在世界上的地位是不确定的。绝对自由的人也是烦恼和无所依靠的孤独者。人虽然有选择的自由，但他面对的未来的生活却是混沌而没有目标的。他只是盲目地走向未来，他只知道人生的真实的终结就是死亡。死亡作为人生的最后归宿，对于个人的存在具有非常重要的意义。

尼采的权力意志主义

弗里德里希·威廉·尼采是德国著名哲学家，西方现代哲学的开创者，同

时也是卓越的诗人和散文家。他最早开始批判西方现代社会,然而他的学说在他的时代却没有引起人们重视,直到20世纪,才激起深远的调门儿各异的回声。后来的生命哲学、存在主义、弗洛伊德主义、后现代主义,都以各自的形式回应尼采的哲学思想。

尼采的哲学是一种基于对自然生命的肯定的、超越于善恶之上的生命道德。它强调,自然是生命的本性,自主是生命的作用方式,自我则是生命的表现方式。这种新道德以自然生命为基础,以权力意志为价值标准,以每一个个体"成为你自己"为价值理想。尼采的哲学在当时曾经被当做一种行动哲学,一种声称要使个人的要求和欲望得到最大限度发挥的哲学。他的哲学具有傲视一切、批判一切的气势,这成为他被后现代主义所欣赏的重要原因。在尼采的世界中,权力意志是一种神秘的精神力量,它在量上是不变的,它的存在是绝对的、永恒的。但它不是僵死不动的。在它永恒的运动变化中,万事万物被创造出来,复又被消灭,世界就这样不断推陈出新,幻化不已。

尼 采

尼采的哲学充满了无限的创造力和豪迈的超人欲望。在他的眼中,以往哲学的基本概念,诸如主体、对象、意识、认识、真理等都是虚构和谬误的。为了达到真理的境界,必须用反理性主义重新估计一切价值。在受理性支配的历史和文化中,古往今来的人们都被限制了创造力,不敢开拓,不能看到真正的前景,为此就要寻求人的真正本质,并且解放这种本质。

尼采认为,生命不是别的,它就是人生本身,就是人们从中真切地感受到自己的血肉存在的人的现实生存。

作为活着的生命在本质上就是权力意志。尼采说:"什么叫生命?这就必

历史的碎片 39

须给生命的要领下一个新的、确切的定义了。我给它开列的公式如下：生命就是权力意志。"尼采提出权力意志的两个主要根据是：第一，对生命性质的估计：生命的总体方面究竟是匮乏还是丰富？权力意志是以自然界中生命的丰富为前提的。第二，对生命意义的认识：生命的意义在于自我保存，还是在于力量的增强和扩展？在尼采看来，真正的强者不求自我保存，而求强力，为强力而不惜将生命孤注一掷，恰恰体现了生命意义之所在。

尼采认为，人的本质就是权力意志，这是一种高级的生命意志，它不只是单纯地求生存，而是渴望统治、渴望权力。人生的本质就在于不断地表现自己、创造自己、扩张自己。用一句话来概括，就是发挥自己的权力。正是这种权力意志派生并决定了人生命过程中所有的一切，从各种肉体活动到精神活动都是权力意志的表现。

仔细分来，权力意志又分为追求食物的意志、追求财产的意志、追求工具的意志、同化的意志，等等。不仅具有生命力的有机物的本质是权力意志，就连一切自然事物和自然过程也都反映了权力意志。例如物理学中物质相互吸引和相互排斥其实就是不同的权力意志的争夺，生物学中有机体摄取营养物质就是生物作为权力意志去占有、吞噬环境。从人到动物、从动物到植物、从生物到物质，一切都是权力意志的体现，它们之间的关系是抗强欺弱的竞争性，在竞争中构成了世界发展的过程。

就权力本身而言，有表现于外在的如政治权力和表现于生命内在的生存权力。尼采认为，外在的政治权力并不等于价值，在这里，权力量并不就与价值量成正比。实际上，尼采对外在的权力是持否定态度的。尼采特别欣赏希腊人，并不在于希腊人拥有强大的外在权力，因为就外在权力而言，希腊远赶不上波斯、罗马。在一定意义上，尼采是把希腊人看做拥有内在权力的典型，而把罗马人当做拥有外在权力的典型的。在尼采眼里，希腊人远比罗马人有力量，因为希腊人是真正的立法者，而罗马人则只不过是统治者。立法源于生命的内在强力，生命通过立法而取得了给事物命名的权力，即给事物规定价值、设置意义的权力；而统治则只不过是维系一种表面的权力形式，并不意味着生命力自身的昌盛。

权力意志在世界历史中发挥着重要作用，历史就是它的永恒轮转，它永远生生不息，自我创造，自我破坏。尼采认为，在历史的前进过程中，个人的力量是至关重要甚至是占主导地位的。

社会不过是一群人的集体，而每个人的权力意志都体现在社会中，利己主义是毫无疑问的。生命的原则就是使用暴力，掠夺、征服和践踏异己者、弱者。把他们当做自己成长、获得优越地位的工具。从这个层面上来说，人对人的剥削、压迫就不是什么不道德的行为，而是合乎人的本质，体现权力意志的行为。强者的权力意志表现为统治弱者，使弱者成为自己的工具、奴仆，它使历史具有生气，并向前发展；弱者的权力意志表现为对强者的憎恨、妒忌，要求消灭差别，而这将导致否定生活。

那些具有天生的强有力的权力意志者就是"超人"。尼采的超人哲学是他关于人类历史的一种极其独特的理论。尼采的自我超越性学说集中体现在他的"超人"这一隐喻中。超人不是英雄崇拜而是个人和人类的自我超越。在尼采看来，超人不是理想的典型，而是上升的生命类型。因为生命的本质是强力意志，而强力意志是有等级之分的，由此生命也就有旺盛和衰弱之别，而超人就是要个体生命成为那生命强力旺盛的人。

尼采认为，社会历史总要毁灭，总要堕落、退化，为了摆脱这种退化和毁灭的命运，为了摆脱权力意志的永恒轮回，只有等待超人出现。当超人出现的时候，人类才有远景。在尼采看来，超人是超越上等人的优秀存在，他们的权力意志也达到了顶峰，超人是最完美的存在，因此他们可以凌驾于普通人之上，成为自然和社会的主宰而无须受到任何法律或者规则的约束，因为他们就代表了道德和真理。

尼采正是从他对生命的性质和意义的认识推出权力意志，又反过来用权力意志来界定生命本身，并用生命的强力来说明价值的。在尼采看来，正是作为权力意志的生命，是新的价值表的基础，是价值估定者。

尼采鼓吹超人理论，其实是为了给具有种种缺陷的现实的人提出一种完美的人的理想，但其负面效应却成了极端主义者的工具。尼采曾经说自己是太阳，为所有的人散发光和热。我们也不难理解他会提出超人哲学和权力意志。从他的哲学中，我们总是能感受到一种巨大的生命力和创造力，完全是建立在对自己生命消耗的基础上。他的哲学打破了以往哲学演变的逻辑秩序，凭的是自己的灵感来做出独到的理解。因此他的著作不像其他哲学家那样晦涩，而是文笔优美，寓意隽永。有人称，尼采与其说是哲学家，不如说是散文家和诗

人。尼采富于影响的代表作有《快乐的科学》《查拉图斯特拉如是说》《论道德的谱系》《超越善与恶》以及《权力意志论》等。

从哲学上说，尼采是叔本华唯意志主义的直接继承者，他进一步发展了叔本华的非理性主义倾向，否定理性和科学，对历史和文明采取虚无主义态度。他用权力意志代替了叔本华的生存意志，并试图把叔本华的消极绝望的悲观主义改造为积极乐观的行动主义，鼓吹无限制的自我扩张。其哲学的意义主要体现为对西方文化的两大支柱——理性主义和基督教的批判。

尼采认为人的一切行为和欲望都是由权利意志的本能来支配的，无限的追求权力是生命最普遍的法则，也是道德的最高目的和价值标准。为了论证这一观点，尼采通过宣布上帝之死对西方基督教道德价值进行了彻底的重估，并由此揭露了西方文化尤其是基督教道德的非道德性和虚无主义性。他甚至以此称自己为非道德主义者。但是，尼采强调，他之所以批判道德是为了让人能真正道德地生活，他的否定是为了新的肯定。因此，对道德价值的重新建构既是尼采价值重估的逻辑结论，也是尼采道德哲学中特别具有活力的内容。

尼采基于对作为权力意志的生命的信仰而重构的道德，从本质上说是一种反上帝的自然的道德。这种自然的道德首先是以肯定生命为基本内容的道德自然主义，而随之的，便是对作为生命感性的肉体和本能的肯定，以及对生活世界和个人强力之释放的"健康的自私"的肯定。它的出发点和目的是为生命赋予意义。

尼采认为，世界上根本没有什么道德行为，不管道德还是非道德，两者共同的出发点只同自由的意图和行为有关。尼采是站在生命的立场上否定旧的道德价值，又站在生命的立场上建构新的道德。这样一种以生命的意义为道德的实质内容的哲学，剥离了道德价值对生命价值的遮蔽，生命价值由此获得了澄明和敞亮，并由此确定了生命价值相对于道德价值的地位。

尼采给西方文化带来了一场前所未有的震动，他毫不留情地揭示人性中被隐藏许久的追求权力与扩张的本性，将人的虚荣、鄙俗、伪善、平庸的一面都暴露在阳光下，让人无地自容。从此，现代人克服了基督教和形而上学的世界观，开始以一种更直白的方式面对自己的生活。而尼采的权力意志也改造了许多构成西方思想遗产的观念和价值观，例如理性、自然、上帝等。20世纪的很多思想家、艺术家都在尼采哲学中找到启迪和灵感。

黑格尔的哲学体系

格奥尔格·威廉·弗里德里希·黑格尔是大器晚成的德国哲学家，之所以说他大器晚成，是因为他的哲学体系在1817年出版《哲学全书》之后才算完成，当时他已47岁。黑格尔一生著述颇丰，在其生前正式出版的作品有《精神现象学》《逻辑学》《哲学科学全书纲要》和《法哲学原理》，后人又根据其讲义、笔记和学生的听课笔记整理出版了《哲学史讲演录》《历史哲学》和《美学》等。

黑格尔把绝对精神看做世界的本原。绝对精神并不是超越于世界之上的东西，自然、人类社会和人的精神现象都是它在不同发展阶段上的表现形式。因此，事物的更替、发展、永恒的生命过程就是绝对精神本身。黑格尔哲学的任务和目的，就是要展示通过自然、社会和思维体现出来的绝对精神，揭示它的发展过程及其规律性，实际上是在探讨思维与存在的辩证关系，在唯心主义基础上揭示二者的辩证同一。

围绕这个基本命题，黑格尔建立起令人叹为观止的客观唯心主义体系，主要讲述绝对精神自我发展的三个阶段——逻辑学、自然哲学、精神哲学。黑格尔在论述每一个概念、事物和整个体系的发展中，自始至终都贯彻了这种辩证法的原则。这是人类思想史上最惊人的大胆思考之一。恩格斯后来给其以高度的评价："近代德国哲学在黑格尔的体系中达到了顶峰，在这个体系中，黑格尔第一次——这是他的巨大功绩——把整个自然的、历史的和精神的世界描写为处于不断运动、变化、转化和发展中，并企图揭示这种运动和发展的内在联系。"

黑格尔的著作以其覆盖面之深广而享有盛誉。他建立了一个庞大的体系来理解哲学的历史和我们身处的世界本身。在黑格尔的思想中，世界是不断处在运动变化之中的，而世界之所以总是在运动变化，是因为绝对观念自我发展的结果。绝对观念是黑格尔的基本概念，在黑格尔的认知中，世界的一切都是绝对观念，这既是世界的起点，也是时间的目标，也是世界历史运动的根源。例如，他认为，法国大革命是人类有史以来第一次在西方社会中引入真正的自

由。但正因为是绝对的初次，它也是绝对的激进的：在革命消灭了它的对立面后，革命所唤起的暴力高潮无法自我平抑，结局是无路可去的革命最终自食其果——得之不易的自由自毁于残暴的恐怖统治。然而，历史总是在对过失的自我学习中前行的：正是这种经验，也只能在有了这样的经验之后，一个由自由公民组成的既能行使理性政府的职责，又能实现自由、平等的革命理想的宪政政府才有可能得以出现。

在《历史哲学》的前言中，黑格尔阐述："哲学表明，意识是存在于它无限多个概念之上的，也就是说，意识是存在于自由的、无限多的形态之中，而对立的抽象内省的形态只是它的一种反映。意识是自由的、独立存在的、有个性的，仅仅属于精神。"

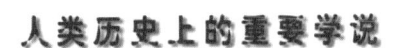

黑格尔

所以作为单独概念的意识由两部分组成，两者都各有无限多个形态，一部分是原则性的，另一部分是对每个历史事件的具体反映，所以他又说："通常意义上的意识存在两个方面，一方面是对事物总体的概念，另一方面是对事物具体反应的抽象概念。"他同时说："每个人的自我意识不同，对事物的反应也不同，和原则性的意识有所偏移，但是对于一个正常的人来说，这种偏移是有限度的，这种限度取决于他的正常状态，取决于他对上帝的尊敬程度。要了解这种概念的程度，属于形而上学的范畴。"

虽然黑格尔的语言很难懂，但他阐述了形而上学必须要研究每一个事件中的命题和反命题如何联系的机制，因此必须要比较每一个历史事件中的例子和它们的原型，了解它们之间的共同点和不同的地方。黑格尔对人类社会抱有一种有组织性和目的论的观念，他的著作语言丰富而难懂，对于现代读者来说非常令人困惑。不仅如此，他的观念和现代知识界流行的存在主义哲学以及个人

权利的观念也正相反。

许多人认为，黑格尔的思想象征了19世纪德国唯心主义哲学运动的顶峰，对后世哲学流派如存在主义和马克思的历史唯物主义都产生了深远的影响。更有甚者，由于黑格尔的政治思想兼具自由主义与保守主义两者之要义，因此，对于那些因看到自由主义在承认个人需求、体现人的基本价值方面的无能为力而觉得自由主义正面临挑战的人来说，黑格尔的哲学无疑是为自由主义提供了一条新的出路。

黑格尔的学说在后来很长时间内一直引起争论，他对思想界有广泛的影响，几乎任何学派都对他的学说给予肯定或提出批判。

历史学家将黑格尔学派分为左、右两个阵营。黑格尔右派的代表是柏林汉博德大学的追随者，他们拥护福音正统的宗教观念，拥护后拿破仑时代的政治保守主义。在哲学上，他们坚持黑格尔的唯心主义体系，继续用黑格尔的绝对观念解释一切，认为绝对观念是一切事物的存在。

黑格尔左派，有时也被称为"青年黑格尔派"，他们继承黑格尔学说中的革命成分，在宗教方面主张无神论，在政治领域主张自由民主，其中包括费尔巴哈和年轻时代的马克思和恩格斯。黑格尔左派反对黑格尔体系的保守倾向，力图从他的辩证方法中引出革命和无神论的结论。在1830年代和1840年代，这些年轻的黑格尔信徒经常在柏林希贝尔酒吧聚会、争论，这里的氛围造就了对以后150年有很大影响的思想家，形成了无神论、人文主义、共产主义、无政府主义和利己主义的基本观念。

马克思和恩格斯都参加过黑格尔左派运动，与众多左派激进分子相比，他们开始就有别于其他人的激进，而是迅速地从宗教批判转向政治批判，从而创造出共产主义哲学。

对在校学生来说，为了方便学习，一般教材将黑格尔的辩证法分为三个阶段："正题"（例如在法国历史上的大革命）、"反题"（大革命随后的恐怖阶段）和"合题"（自由公民的宪法保障状态）。这种分法并不是黑格尔自己提出的，最早见于费希尔的对个人和全体之间联系的一个模拟描述。黑格尔学者们并没有意识到这种三段论法会掩盖黑格尔理论的真实论点，虽然黑格尔曾经说过："要考虑到两个基本元素：第一，自由的意志是绝对的和最终的目的；第二，实现的方法，也就是说知识和意识的主观方面，包括生命、运动和活动。"（正题

和反题）但他没有使用"合题"这个术语，而是用"整体"。这样我们就了解了整体道德和实现自由的状态，以及其后这两种元素的主观整合。

　　黑格尔运用这种辩证法体系解释哲学、科学、艺术、政治和宗教的历史，但是现代评论家指出，黑格尔经常修饰历史的真实以适应他的辩证法模式。卡尔·波普在他的《开放型社会和它的敌人》中指出，黑格尔体系文饰了威廉三世的统治，他认为1830年代的普鲁士是理想的社会。赫伯特·马尔库斯在他的《理性和革命：黑格尔和社会理论的崛起》中批判了黑格尔作为一个国家权力的辩护士，为20世纪极权主义的兴起开辟了道路。实际上黑格尔并没有为这些权力形式辩护，只是认为存在的都是合理的，因为这些权力存在，所以也是合理的。亚瑟·施潘豪尔藐视黑格尔对历史的解释，认为他的著作是蒙昧主义的，是伪哲学。许多英国学派的哲学家也遵从这种看法。

　　20世纪黑格尔的哲学开始复兴，黑格尔研究成了国际现象，不同阶级、不同的学派都提出了自己的解释，从中引出自己的结论。今天东西方很少有哲学家和哲学派别不同黑格尔发生直接或间接关系，黑格尔派或者新黑格尔主义已经成为一种历史现象，这一切主要有以下几个原因：一是发现黑格尔的哲学是马克思主义哲学的源头；二是黑格尔的历史观开始复活；三是黑格尔辩证法的重要性得到广泛的认同。将黑格尔的理论重新带到马克思经典中的最重要的著作是乔治·卢卡斯的《历史和经典概念》，它掀起一股重新了解评价黑格尔的著作热，黑格尔的复兴也引起人们对黑格尔早期著作的兴趣。现代美国的哲学家也明显受到黑格尔的影响。

康德的批判哲学

　　康德的批判哲学由三大部分组成，认识论即《纯粹理性批判》，伦理学即《实践理性批判》，美学即《判断力批判》，最基础最重要的是《纯粹理性批判》。这三部著作涉及哲学、伦理、艺术三个领域，构成了他关于真善美的思想理论体系。所以，人们把他的哲学称为"批判哲学"。

　　在康德所处的时代，欧洲哲学思想主要有两种重要理论：一种是由洛克、休谟等人发展出来的经验主义，另一种是笛卡尔等人的理性主义。经验主义者认为人类对世界的认识与知识来源于人的经验，而理性主义者则认为人类的知

识来自于人自身的理性。康德则在一定程度上结合了两者的观点。康德认为知识是人类同时透过感官与理性得到的。经验对知识的产生是必要的，但不是唯一的要素。把经验转换为知识，就需要理性（康德与亚里士多德一样，将这种理性称为"范畴"），而理性则是天赋的。人类通过范畴的框架来获得外界的经验，没有范畴就无法感知世界。因此，范畴与经验一样，是获得知识的必要条件。但人类的范畴中也有一些可以改变人类对世界的观念的因素，康德意识到，事物本身与人所看到的事物是不同的，人永远无法确知事物的真正面貌。而时间和空间在康德看来是两个先天特殊的概念。

在《纯粹理性批判》一书中康德指出，没有人可以想象一个存在于没有时间与空间的世界中的物体，因此他强调没有时间与空间经验就是不可能的，这两者先于一切经验。此外，康德也认为经验必须来自于心灵以外。也就是说，一个人可以感知、理解他周围的世界，但永远无法感知、理解自己本身，因为知识的产生需要时间、空间与范畴三个要件。

康德

在因果律方面，康德也推翻了休谟的观点。休谟认为因果律并不存在，人类只是由于习惯才认为两个现象之间有关联。也就是说，我们只能感知白球与黑球的运动，但却无法感知白球导致黑球移动的肇因。正是因为我们无法感知因果律本身，所以休谟认为我们无法证明因果律的存在。但是，康德认为因果律是人类理性的结果，他赞同休谟认为因果律不来自于经验的观点，但他相信它可以证明自然法则，因为自然法则就是人类认知的法则。因果律其实就是人类理性的表现。

在宗教问题上，康德承认无论是经验还是理性都无法证明上帝的存在。但是他认为，为了维护道德的缘故，我们必须假设上帝与灵魂的存在。他把这样

的信仰称为"实践的设准",即一个无法证明的假设,但为了实践的缘故该假设必须成立。

伦理学方面,康德否定意志受外因支配的说法,而是认为意志为自己立法,人类辨别是非的能力是与生俱来的,而不是从后天获得的。这套自然法则是无上命令,适用于所有情况,是普遍性的道德准则。康德认为真正的道德行为是纯粹基于义务而做的行为,而为实现某一个个人功利目的而做事情就不能被认为是道德的行为。因此康德认为,一个行为是否符合道德规范并不取决于行为的后果,而是采取该行为的动机。康德还认为,只有当我们遵守道德法则时我们才是自由的,因为我们遵守的是我们自己制定的道德准则,而如果只是因为自己想做而做,则没有自由可言,因为你就成为各种事物的奴隶。

康德学说用他自己的说法就是主要回答了四个问题:我能认识什么?我应该做什么?我希望什么?人是什么?教育的目的就在于使人成为人。有两件事物他愈思考愈觉神奇,心中也愈充满敬畏,那就是他头上的星空与他心中的道德准则,它们向他印证:上帝在他头上,也在他心中。

康德哲学是对近代唯理论和经验论的清算和发展,他认为唯理论主张真理出自理性,知识是从先天的公理中推演出来的,这样不足以说明知识的丰富多彩;而经验论只承认感觉,否认理性的推演作用,无法说明知识的普遍性和必然性。唯理论和经验论者犯的错误在于在得出自己的结论之前,没有批判地考察一下人的认识能力。因此,康德给自己的哲学定下任务:在进行实际活动之前,先要对人的认识能力作一番批判的考察分析,以确立其大小、适用范围和界限。这就是康德使用"批判"一词的原因和建立批判哲学的动机。

批判哲学的中心问题是先天综合判断如何可能的问题。康德认为知识必须由两方面的因素构成:一是感觉提供的经验材料作认识的内容;二是先天的认识形式,即感性的纯直观形式时间和空间,知性的因果性等12个范畴。前者保证知识的经验有效性,后者保证知识的普遍性和必然性。数学和自然科学之所以可能就是因为先天的认识形式对感觉材料进行了统摄。但康德指出通过先天的认识形式整理的仅仅是现象世界,而非本体。人只能认识现象界中的一切,现象之外的自在之物(物自体)是人的认识能力所达不到的。理性不能越过这个界限干涉物自体的世界。为了解决科学知识中现象和本质的矛盾,康德有意识地假设了意志自由、灵魂不死、上帝存在三个因素,建立了实践理性知识对现象世界知识的补充，并试图通过目的论的观点，在审美活动中达到现象和本质、自由和必然、有限和无限的统一。

　　康德的哲学之所以叫纯粹理性批判，就是要对理性的认识能力进行限制。因为历史上的独断论和怀疑论在对理性没有考察的时候就用它来进行对世界的探讨，康德认为这是造成先验幻象的原因，也就是灵魂、世界、上帝。这些概念的产生都是没有对理性有足够的认识才做出的。所以，康德在对理性进行限制之后，得出我们对现象界只能使用我们的纯粹知性范畴，也就是概念和纯粹直观形式，也就是时间和空间。在这两种理性能力之下我们才能得出科学的知识。知识在康德看来就是所谓的判断。而真正的知识是先天综合判断。怀疑论的知识是后天综合的。独断论的知识是先天分析的。这两种知识都不能为科学知识提供确定性。

　　据说在《纯粹理性批判》问世前，还有些趣闻故事。康德当时（1770年3月）虽已是哥尼斯堡大学的正教授，但在一般人眼里，他只不过是一个平庸之辈而已。连德国启蒙运动时期的著名哲学家摩西·门德尔松也认为康德获得此教授头衔，只因为他是这样一位普通教师和作者而已。因而在1770～1780年期间，康德的学生克劳斯到柏林旅行时，偶然参加一些由教授们举行的聚会，当他提到康德案头有一部肯定会让哲学家们焦躁不安的著作《纯粹理性批判》时，被教授们大大讥笑了一番。1781年，康德发表了《纯粹理性批判》，仅凭这一部著作，康德就可以奠定他在哲学史上的不朽地位。

弗洛伊德的精神分析学说

　　西格蒙德·弗洛伊德是精神分析学派的创始人。他认为被压抑的欲望绝大部分是属于性的，性的扰乱是精神病的根本原因。他著有《性学三论》《梦的解析》《图腾与禁忌》《日常生活的心理病理学》《精神分析引论》《精神分析引论新编》等。

　　弗洛伊德精神分析学说的精髓主要体现在《梦的解析》一书中。它是弗洛伊德精神分析疗法最重要的研究著作。在书中，他详尽阐述了那些关于梦的独特而新颖的见解，它们的来源、发生的原因及工作的方法，那是潜意识的光

辉大道。此书是一本具有划时代意义、惊世骇俗的书。弗洛伊德创立的精神分析学说，最初作为一种独特的理论方法，产生于精神病领域，后来发展成为一种心理学理论，是20世纪影响最为重大的流派。

弗洛伊德经过长期的研究和医疗实践，逐渐认识到，不仅歇斯底里的患者，而且正常人，在意识的背后都可能具有各种各样的欲望和冲动，因不被社会习俗、道德法律所容许，必须被压抑下去而不被意识到。这些被压抑于心灵深处的欲望和动机构成了人的潜意识，它是人类一切精神生活的根本动机。这种潜意识学说，构成了精神分析的理论基础。弗洛伊德正是沿着这条线索，逐步发展、完善了他的精神分析学说，这是人类认识自我历程中的伟大成就。

弗洛伊德的理论可分为两个时期，早期理论一般指他在1920年以前的精神分析理论。主要包括：

弗洛伊德

意识和无意识。弗洛伊德认为，人的心理可分为三个部分：意识、潜意识和无意识。意识指个人目前意识到的一切。潜意识指虽非目前意识到的但可以通过回忆而变为意识内容的一切。无意识则指被压抑而不能通过回忆再召唤到意识中的一切，这通常是不为社会规范所容的欲望。

压抑和抵抗。人的某些本能欲望常常是不被社会风俗、习惯、道德、法律等所容的。因此，欲望与规范就产生激烈的斗争，往往是欲望迁就规范受到压抑。由于压抑的无意识欲望不能闯进意识域里来，患者难以联想起自己的隐私，这种现象，弗洛伊德称之为抵抗或抗拒。

泛性论。一个人从出生到衰老，一切行为动机，都有性的色彩，都受性本能冲动的支配。神经症的产生，就是由于性本能冲动受到压抑而得不到满足的

结果。精神分析理论指出，在性的后面有一种潜力，这种潜力常驱使人去追求快感。这种潜力被叫做"里比多"，又称"性力"。里比多的发展分为：口腔期、肛门期、性器期以及生殖期等。

快乐原则和现实原则。人的行为受本能的支配，但同时又要受现实的限制。因此，人的心理也就有两种系统，每种系统各受特殊的原则支配。第一种系统受快乐原则的支配，形成于婴儿期；第二种系统除受快乐原则支配以外，还受现实原则支配，形成于婴儿期以后。

1920年以后，弗洛伊德对他的理论开始作了一些比较大的修正，形成了他的后期理论。主要包括：

生存本能和死亡本能。弗洛伊德认为性本能和自我本能虽然各有不同的目的，但最后都是指向生命的生长和增进。因此，他把它们联成一体，称为生存本能。为了与生存本能形成两极性，于是他又假设了一个死亡本能。死亡本能不是表现为一种求死的欲望，而是表现为一种求杀的欲望。当它向外表现时，它就成为破坏、征服的动力，表现为侵略的倾向。但当向外界的侵略受到挫折时，它往往退回到自我，成为一种自杀的倾向，这种倾向的活动范围很广泛，不只限于杀人和自杀，还包括自我谴责、自我惩罚、敌手之间的嫉妒以及权威的反抗等。

精神结构理论。在无意识概念的基础上，弗洛伊德还提出了人的精神是由本我、自我和超我组成的。最原始的本我是与生俱来的，是无意识的结构部分，由先天的本能、基本欲望所组成，是同肉体联系着的。自我是意识的结构部分，它处在本我和外部之间，它与本我不同，是根据外部世界的需要来活动的。所谓超我，就是道德化了的自我。它包括两个方面：一方面就是通常所讲的良心，另一方面就是自我理想。超我的主要职能在于指导自我去限制本我的冲动。在正常情况下，本我、自我和超我是处于一种相对平衡状态中的。如果这种平衡关系遭到破坏，即会产生精神病。

弗洛伊德的精神分析理论是在1900年以后成熟起来的。他从各地吸收了一批信徒，其中最被器重的是奥地利的阿德勒和瑞士的荣格，从而构成了弗洛伊德的精神分析学派。

作为一名治疗精神疾病的医生，弗洛伊德创立了一个涉及人类心理结构和功能的学说。他的观点不仅在精神病学，也在艺术创造、教育及政治活动等方

面得到广泛地运用。弗洛伊德学说的主要论点已被后人所修正、发展。人们认识到，人类的行为不仅是由性欲所支配，社会经济因素对人格的形成、教养对本性也都起着作用。虽然弗洛伊德学说一再受到抨击，这丝毫无损于他的形象。他卓绝的学说、治疗技术以及对人类心理隐藏的那一部分的深刻理解，开创了一个全新的心理学研究领域——精神分析学派。精神分析学派是弗洛伊德在毕生的精神医疗实践中，对人的病态心理经过无数次的总结，多年积累而逐渐形成的。精神分析学派对精神的分析和治疗让人们认识到属于人内心的独特人格和心理，这从根本上改变了反对人类本性的认识。

他系统地论述了人的个性结构学说，还发展和普及了一些心理学学说，如有关焦虑、防御功能、阉割情绪、抑制和升华等。

他的著作极大地引起了人们对心理学的兴趣，他的许多观点在过去和现在都存在着很大的争论，而且自从他提出之日起就引起了热烈的争论。

由于对弗洛伊德的许多学说仍有很大争议，因此很难估计出他在历史上的地位。他有创立新学说的杰出才华，是一位先驱者和带路人。但是弗洛伊德的学说与达尔文和巴斯德不同，从未获得过科学界的普遍承认，所以很难说出他的学说中有百分之几最终会被认为是正确的。

尽管弗洛伊德的学说一直存在着争论，但他仍不愧是人类思想史上的一位极其伟大的人物。他的心理学观点使人们对人类思想的观念发生了彻底的革命，他提出的概念和术语已被普遍使用，例如本我、自我、超我、恋母情绪和死亡冲动。

大多数心理学家现在已经确信无意识思维过程对人的行为起着一种决定性的作用——一种在弗洛伊德之前被大大低估了的作用。弗洛伊德不是心理学的鼻祖，从长远的观点来看，人们也许会认为他作为心理学家所提出的学说并非十分正确，但是他显然是在现代心理学发展中最有影响、最重要的人物。

弗洛伊德的精神分析理论不仅作为一种心理学派对心理学的发展起了巨大的推动作用，而且当今资本主义国家里，特别是在美国，弗洛伊德主义和新弗洛伊德主义作为一种哲学思潮在一般意识形态中都得到了广泛的传播。它不仅影响了西方当代的文学艺术，而且对宗教、伦理学、历史学也产生了深远的影响。他的著作《图腾与禁忌》可以说是产生这种影响的代表。

马斯洛的需求层次理论

如果要列举 20 世纪最著名的心理学家，马斯洛无疑名列前茅。马斯洛是人本主义心理学的发起人和代表者，被称为"人本主义心理学之父"。他的需求层次理论和自我实现理论成为人本主义心理学最重要的理论之一，对心理学尤其是管理心理学有重要影响。

1943 年，马斯洛在《人的动机理论》一文中提出了需求层次论。马斯洛的需求层次理论认为，人的各种需要可以归纳为五类，即五个层次，从低级到高级逐层排列，类似于金字塔的梯级形式。在马斯洛看来，生理需求是人类最基本的需求和欲望。人类不会安于底层的需求，较低层的需求被满

马斯洛

足后就会往高处发展，这是人类共同的特质。这五个层次分别是：生理的需求、安全的需求、社交的需求、尊重的需求和自我实现的需求。

一、各层次需求的基本含义

1. 生理上的需求

这是人类维持自身生存的最基本要求，包括对以下事物的需求：呼吸，水，食物，睡眠，生理平衡，分泌，性。

如果这些需求（除性以外）任何一项得不到满足，人类个人的生理机能就无法正常运转。换言之，人类的生命就会因此受到威胁。在这个意义上说，生理需求是推动人们行动最首要的动力。马斯洛认为，只有这些最基本的需求得到满足并达到维持生存所必需的程度后，其他的需求才能成为新的激励因素，而到了此时，这些已相对满足的需求也就不再成为激励因素了。

2. 安全的需求

这是人类要求对以下事物的需求：人身安全，健康保障，资源所有性，财产所有性，道德保障，工作职位保障，家庭安全。

马斯洛认为，和生理需求一样，在安全需求没有得到满足之前，除了生理需求，人们最关心的就是安全需求。整个有机体是一个追求安全的机制，人的感受器官、效应器官、智能和其他能量主要是寻求安全的工具，甚至可以把科学和人生观都看成是满足安全需要的一部分。当然，当这种需要一旦相对满足后，也就不再成为激励因素了。

3. 社交的需求

这一层次包括对以下事物的需求：友情，爱情，性亲密。

当生理需求和安全需求得到满足之后，社会需求就突出出来了，这一层次是与前面两个层次截然不同的另一层次。人人都希望与他人产生联系并获得照顾。感情上的需要比生理上的需要来得细致，它和一个人的生理特性、经历、教育、宗教信仰都有关系。

4. 尊重的需求

该层次包括对以下事物的需求：自我尊重，信心，成就，对他人尊重，被他人尊重。

人人都希望自己有稳定的社会地位，要求个人的能力和成就得到社会的承认。尊重的需求又可分为内部尊重和外部尊重。内部尊重是指一个人希望在各种不同情境中有实力、能胜任、充满信心、能独立自主。总之，内部尊重就是人的自尊。外部尊重是指一个人希望有地位、有威信，受到别人的尊重、信赖和高度评价。马斯洛认为，尊重需求得到满足，能使人对自己充满信心，对社会满腔热情，体验到自己活着的用处和价值。

5. 自我实现的需求

该层次包括对以下事物的需求：道德，创造力，自觉性，问题解决能力，公正度，接受现实能力。

这是最高层次的需求，它是指实现个人理想、抱负，发挥个人的能力到最大程度，达到自我实现境界的人，接受自己也接受他人，解决问题能力增强，自觉性提高，善于独立处事，要求不受干扰地独处，完成与自己的能力相称的一切事情的需求。也就是说，人必须干称职的工作，这样才会感到最大的快

乐。想达到自我实现需求的人最主要表现在工作学习和生活的需求，随着前四种需求的满足，人们开始寻找更多的生活乐趣和学习各种知识来满足自己的精神需要。马斯洛提出，为满足自我实现需求所采取的途径是因人而异的。自我实现的需求是在努力实现自己的潜力，使自己越来越成为自己所期望的人物。

1954年，马斯洛在《激励与个性》一书中探讨了他早期著作中提及的另外两种需求：求知需求和审美需求。这两种需求未被列入到他的需求层次排列中，他认为这二者应居于尊重需求与自我实现需求之间。

马斯洛认为这五种需求像阶梯一样从低到高，按层次逐级递升，但这样的次序不是完全固定的，是可以变化的，也可有种种例外情况。

一般来说，某一层次的需求相对满足了，就会向高一层次发展，追求更高一层次的需要就成为驱使行为的动力。相应地，获得基本满足的需求就不再是一股激励力量。

五种需求可以分为两级，其中生理上的需求、安全上的需求和感情上的需求都属于低一级的需求，这些需求通过外部条件就可以满足；而尊重的需求和自我实现的需求是高级需求，它们是通过内部因素才能满足的，而且一个人对尊重和自我实现的需求是无止境的。同一时期，一个人可能有几种需求，但每一时期总有一种需求占支配地位，对行为起决定作用。任何一种需求都不会因为更高层次需求的发展而消失。各层次的需求相互依赖和重叠，高层次的需求发展后，低层次的需求仍然存在，只是对行为影响的程度大大减小。

马斯洛和其他的行为心理学家都认为，一个国家多数人的需求层次结构，是同这个国家的经济发展水平、科技发展水平、文化和人民受教育的程度直接相关的。在不发达国家，生理需求和安全需求占主导的人数比例较大，而高级需求占主导的人数比例较小；在发达国家，则刚好相反。

二、马斯洛理论的积极与消极因素

关于马斯洛理论的价值，目前国内外尚有各种不同的说法。我们认为，绝对肯定或绝对否定都是不恰当的，因为这个理论既有其积极因素，也有其消极因素。

1. 马斯洛理论的积极因素

第一，马斯洛提出人的需求有一个从低级向高级发展的过程，这在某种程

人类历史上的重要学说

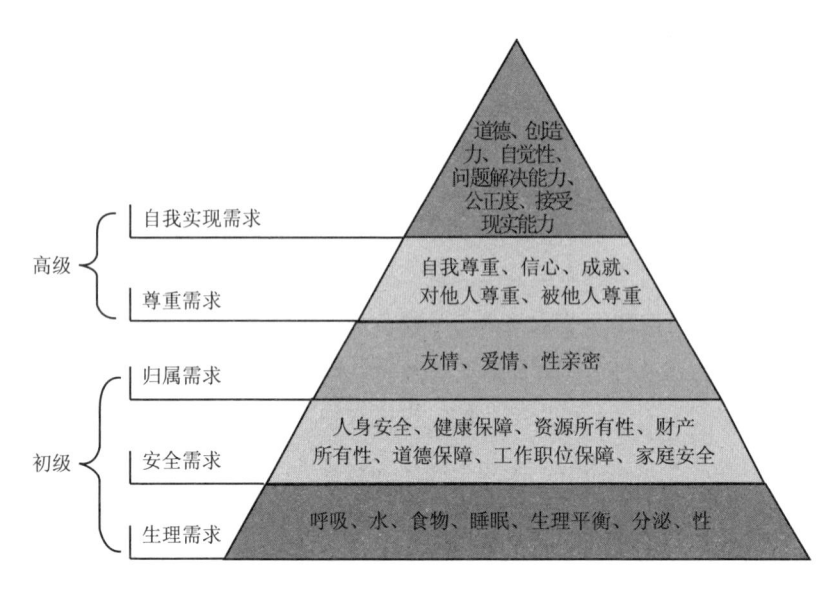

```
                    ╱╲
                   ╱  ╲
                  ╱道德、创造╲
                 ╱ 力、自觉性、╲
      自我实现需求 ╱ 问题解决能力、╲
  高级          ╱  公正度、接受  ╲
              ╱    现实能力      ╲
       尊重需求╱                    ╲
            ╱ 自我尊重、信心、成就、╲
           ╱  对他人尊重、被他人尊重 ╲
       归属需求  友情、爱情、性亲密
  初级
       安全需求  人身安全、健康保障、资源所有性、财产
                所有性、道德保障、工作职位保障、家庭安全
       生理需求  呼吸、水、食物、睡眠、生理平衡、分泌、性
```

马斯洛需求层次理论

度上是符合人类需求发展的一般规律的。一个人从出生到成年，其需求的发展过程，基本上是按照马斯洛提出的需求层次进行的。当然，关于自我实现是否能作为每个人的最高需求，目前尚有争议。但他提出的需求是由低级向高级发展的趋势是无可置疑的。

第二，马斯洛的需求层次理论指出了人在每一个时期，都有一种需求占主导地位，而其他需求处于从属地位。这一点对于管理工作具有启发意义。

第三，马斯洛需求层次论的基础是他的人本主义心理学。他认为人的内在力量不同于动物的本能，人要求内在价值和内在潜能的实现乃是人的本性，人的行为是受意识支配的，人的行为是有目的性和创造性的。

2. 马斯洛理论的消极因素

第一，马斯洛过分地强调了遗传在人的发展中的作用，认为人的价值就是一种先天的潜能，而人的自我实现就是这种先天潜能的自然成熟过程，社会的影响反而束缚了一个人的自我实现。这种观点，过分强调了遗传的影响，忽视了社会生活条件对先天潜能的制约作用。

第二，马斯洛的需求层次理论带有一定的机械主义色彩。一方面，他提出了人类需求发展的一般趋势。另一方面，他又在一定程度上，把这种需求层次看成是固定的程序，看成是一种机械的上升运动，忽视了人的主观能动性，忽

视了通过思想教育可以改变需求层次的主次关系。

第三，马斯洛的需求层次理论，只注意了一个人各种需求之间存在的纵向联系，忽视了一个人在同一时间内往往存在多种需求，而这些需求又会互相矛盾，进而导致动机的斗争。

马斯洛需求层次理论在一定程度上反映了人类行为和心理活动的共同规律，他指出了人的需求是由低级向高级不断发展的，这一趋势基本上符合了人类需求的发展规律。在人本主义心理学阵营中，有许多著名的心理学家，如阿尔波特、凯利、罗杰斯等。但马斯洛是作为人本主义心理学代言人出现的，他把发展人本主义心理学作为一项事业，满怀着巨大的热情为之奋斗。马斯洛坚信人有能力创造出一个对整个人类及每个人来说是更好的世界，坚信人有能力实现自己的潜能和价值即达到自我实现。他和罗杰斯一道发起的美国心理学的第三思潮代表着当代心理学的最新发展方向。

人类历史上的重要学说

政治篇

韩非子的法家学说

韩非是战国末期的思想家、哲学家，是法家学说的代表，法家思想的集大成者，后世尊称为"韩子"或者"韩非子"。

韩非是韩国没落贵族，当时韩国处在贫弱受欺的局面，韩非忧国，多次向韩王提出富强计划，但是韩王都未采纳。韩非觉得是自己太过于耿直而无法在充满奸佞小人的朝堂上立足，因此他选择另一种方式来实现自己的理想，就是著书立说。

无法获得当权者赏识的韩非一气写下了《孤愤》等一系列文章，洋洋十万余言，后来这些作品集为《韩非子》一书，然而这些作品依然没有获得韩王赏识，反而辗转流传到其他国家。

韩非的作品流传到秦国，秦王嬴政读后大加赞赏，为了招揽韩非，秦王于公元234年出兵韩国，逼迫韩非来秦效力。韩非不得已，入秦为官，为秦王出谋划策，韩非被秦王重视引起了李斯与姚贾的嫉妒，在一次韩非建议先攻赵缓攻韩的意见时，姚贾突然发难说韩非不怀好意，加上韩非韩国人的身份，多疑的秦王将其投入监狱，最终被逼自杀。

韩非虽死，但他的思想却在秦始皇、李斯手上得到了实施。韩非著作吸收了儒、墨、道诸家的一些观点，以法治思想为中心。他总结了前期法家的经验，形成了以法为中心的法、术、势相结合的政治思想体系，被称为法家之集大成者。

政治篇

韩非着重总结了商鞅、申不害和慎到的思想，把商鞅的法、申不害的术和慎到的势融为一体。他推崇商鞅和申不害，同时指出，申商学说的最大缺点是没有把法与术结合起来；其次，申、商学说的第二大缺点在于"未尽"，"申子未尽于术，商君未尽于法"（《定法》）。韩非按照自己的观点，论述了术、法的内容以及二者的关系，他认为，国家图治，就要求君主要善用权术，同时臣下必须遵法。同申不害相比，韩非的"术"主要在"术以知奸"方面有了发展。他认为，国君对臣下不能太信任，还要"审合刑名"。在法的方面，韩非特别强调了"以刑止刑"思想，强调严刑重罚。

韩非

尤可称道的是，韩非第一次明确提出了法不阿贵的思想，主张"刑过不避大臣，赏善不遗匹夫"。这是对中国法制思想的重大贡献，对于清除贵族特权、维护法律尊严，产生了积极的影响。

韩非认为，光有法和术还不行，必须有"势"做保证。"势"即权势、政权。他赞赏慎到所说的"尧为匹夫不能治三人，而桀为天子能乱天下"（《难势》），提出了"抱法处势则治，背法去势则乱"（《难势》）的论点。韩非的全部理论导源于荀子"性恶论"思想和建立封建的中央集权专制主义国家的政治目的。他认为人与人之间的关系都是利害关系，人的心理无不"畏诛罚而利庆赏"（《二柄》），人君的职责就在于利用"刑"、"德"二手，使民众畏威而归利。

他的术、法相结合的法治理论达到了先秦法家理论的最高峰，为秦统一六国提供了理论武器。自秦以后，中国历代封建王朝的治国理念都颇受到韩非学说的影响。韩非的法治思想适应了中国一定历史发展阶段的需要，在中国封建中央集权制度的确立过程中起了一定的理论指导作用。

历史的碎片

人类历史上的重要学说

改革图治，变法图强，是韩非思想中的一大重要内容。他继承了商鞅"治世不一道，便国不法古"的思想传统，提出了"不期修古，不法常可"的观点，主张"世异则事异"，"事异则备变"（《五蠹》）。

韩非用进化的历史观点分析了人类历史。他把人类历史分为上古、中古、近古、当今几个阶段，进而说明不同时代有不同时代的问题和解决问题的方法，那种想用老一套办法去治理当世之民的想法是行不通的。韩非的进化历史观在当时是进步的。他看到了人类历史的发展，并用这种发展的观点去分析人类社会的过去、现在和将来。

韩非不但反对征富施贫，而且主张"侈而惰者贫，力而俭者富"。他就基于这一富者功利的竞争心来批判诸家，非议养士。这固然是由于战国末期养士制度所激起的反对理论，但从社会根源说来，则赞美了小生产性的土地私有制。韩非把社会现象同经济条件联系起来，这在当时是极其难得的。韩非对经济与社会治乱的关系有了初步认识，注意到人口增长与财富多寡的关系，他是中国历史上第一个提出"人民众而货财寡"会带来社会问题的思想家。

韩非反对天命思想，主张天道自然。他认为"道"是万物发生发展的根源，"道"先天地而存在。有了"道"才有了万物，"天得之以高，地得之以藏，维斗得之以成其威，日月得之以恒其光。""宇内之物，恃之以成。"（《解老》）。同时韩非在中国哲学史上第一次提出了"理"这个哲学概念，并论述了它与"道"的关系。他认为，"道者万物之所成也，理者成物之文也"（《解老》）。"理"在韩非看来，就是事物的特殊规律，人们办事应该尊重客观规律。

韩非的认识论继承了先秦哲学中的唯物主义的思想传统。他提出的反对"前识"和"因参验而审言辞"的观点，在中国哲学史上占有重要的一页。韩非反对"前识"的观点（所谓"前识"，就是先验论）。韩非主张"虚以静后"，通过观察事物得到认识而非妄加揣测，因此他又提出了"循名实而定是非，因参验而审言辞"（《奸劫弑君》）的著名论题。"参"就是比较研究，"验"就是用行动来检验。韩非认为，不经过"参验"而硬说是如何如何，是无知的表现；不能确定的东西而照着去做，是自欺欺人。因此他主张"明主之吏，宰相必起于州部，猛将必发于卒伍"（《显学》）。

韩非思想中还有不少辩证法的因素。看到事物不断地变化着，他指出

"定理有存亡，有生死，有盛衰"。他还在中国哲学史上第一次提出了"矛盾"的概念。用矛与盾的寓言故事说明"不可陷之盾与无不陷之矛，不可同世而立"的道理。《韩非子》是韩非主要著作的辑录，共有文章五十五篇，十余万字。文章风格严峻犀利，里面还保存了丰富的寓言故事，其中蕴涵着深隽的哲理，凭着它们思想性和艺术性的完美结合，给人们以智慧启迪，具有较高的文学价值，在先秦诸子百家中独树一帜。

韩非为了贯彻他的政治改革主张，认为必须加强中央集权，必须进行法治。而要加强中央集权，就要制定严酷的法律。韩非的这些思想顺应了历史潮流，与当时的社会发展趋势相一致。他的一整套君主专制的政治理论，正符合了雄心勃勃要统一六国的秦王嬴政的胃口。嬴政在李斯等法家人物的辅佐下，大刀阔斧地推行韩非的思想，终于统一六国，使得法家的思想诸如建立中央集权、君主专制、依法治国等变成了事实。

韩非的政治思想为中国封建统一事业起了积极的推动作用，他的哲学思想包含了相互的唯物主义和辩证法思想，开拓了人们的思路。韩非不愧为中国历史上的一大思想家。韩非的法家思想虽然只是先秦一个时代的产物，却深深影响了那个时代，也影响了整个封建社会的发展。

托马斯·莫尔的乌托邦学说

"乌"是没有，"托"是寄托，"邦"是国家，"乌托邦"三个字合起来的意思即为"空想的国家"。这个词语来源于英国政治家托马斯·莫尔的名著《乌托邦》。在这本书中，莫尔虚构了一个航海家航行到一个奇乡异国"乌托邦"的旅行见闻。在那里，财产是公有的，人民是平等的，实行着按需分配的原则，大家穿统一的工作服，在公共餐厅就餐，官吏由秘密投票产生。莫尔认为，私有制是万恶之源，必须消灭它。这是莫尔第一次向人们提出公有制的问题。但是在当时的那个时代，莫尔的想法只能是一种空想。

《乌托邦》作为乌托邦文学流派的先行者，其中详细介绍了理想的社会和完善的城市。虽然乌托邦是一个文艺复兴运动的产物，但其结合了柏拉图古典完美社会的概念和亚里士多德的古罗马修辞策略，它的影响一直持续到欧洲的

人类历史上的重要学说

托马斯·莫尔

启蒙运动。莫尔"羊吃人"的名言成了当时民歌中经常引用的佳句，他对圈地运动的详细描写成了马克思在《资本论》中叙述资本主义原始积累的野蛮方法时所引用的生动素材。当然，处于那个时代的莫尔还不可能理解资本主义的历史地位，也无法指出实现理想制度的真正途径，他的"乌托邦"只是一个空想而已，然而正是这个所谓的空想，描绘出社会主义雏形，因为没有正式形成理论，因此后世称之为空想社会主义，莫尔也就成为空想社会主义的始创者。

"乌托邦"是人类对美好社会的憧憬，因此"乌托邦主义"也成为社会理论的一种，它试图将若干价值和实践呈现于一理想的国家或社会，而促成这些价值和实践。一般而言，"乌托邦"的作者并不认为这样的国家可能实现，至少是不可能以其被完美描绘的形态付诸实现。但是他们并非在搬弄一项仅仅是想象或空幻的概念，就如"乌托邦主义"这个词汇的通俗用法所指的一般。

直到17世纪之前，"乌托邦"一般均被用来喻指地理上遥远的国度；16~17世纪欧洲航海探险的发现，使人们大为熟悉这个世界，因而"乌托邦"的地理范畴说法销声匿迹。

从空间范畴到时间范畴的转置也使"乌托邦"中产生了一种新的社会学的现实主义。"乌托邦"此时被置于历史中，然而无论距离"乌托邦"的极致之境是何等遥远，它至少可呈现出：人类或许是无可避免地正朝向它发展的光景。17世纪科学和技术的联系加强了这个动向，例如培根的《新大西洋大陆》和康帕内拉的《太阳之都》中所表现的内容。随着19世纪社会主义（它本身即深具乌托邦色彩）的兴起，乌托邦主义便逐渐变成关于社会主义之实现可能性的辩论。

或许乌托邦主义是人类情境所固有的，也许它只内在于那些受古典和基督

教传统影响的文化之中，但是我们大可同意王尔德的话：一张没有乌托邦的世界地图是不值得一顾的。

与乌托邦主义近乎浪漫的进展相比，空想社会主义则显得有些枯燥，空想社会主义的发展经历了三个阶段：16~17世纪、18世纪和19世纪初，共经历了三百多年。三个阶段的社会和历史条件各不相同，无产阶级的发展水平也不同。

16~17世纪，空想社会主义者提出了"实行公有制"、"人人劳动，按需分配"等社会主义基本原则，但对社会主义的设想还只是一个简单的轮廓。

18世纪，这时期的空想社会主义者开始对社会主义进入理论探讨和论证阶段，并用法典形式做出明确规定；对资本主义私有制进行了批判，认为私有制引起经济上的不平等，进而导致政治上的不平等；当具备初步的阶级观点后，主张实行绝对平均主义的、斯巴达式的共产主义；在设计未来理想社会时，以农村公社和手工工厂为原型，主张在封建制度崩溃后，在农村公社和手工工厂的基础上建立社会主义；赞同君主制、终身制、家长制等。

19世纪30~40年代，是空想社会主义发展的顶峰时期。由于英国的工业革命在欧洲大陆迅速发展，资本主义制度的弊端日益暴露，这时期空想社会主义者对资本主义的社会制度、政治制度和道德观念进行了批判；理论上，提出政治制度的基础是经济状况，指出私有制产生阶级和阶级剥削；设计未来理想社会主义制度时以大工厂为原型，完全抛弃了平均主义和禁欲主义。

洛克的立法与分权学说

约翰·洛克是英国哲学家，不列颠经验主义的开创者，同时也是第一个全面阐述宪政民主思想的人，他的立法与分权学说影响了17到18世纪众多的哲学家。

1632年，洛克出生于英国惠灵顿。青年时期的洛克对科学产生了十分浓厚的兴趣，然而他当时并未选择哲学，而是选择了医学，这也是他的兴趣，获得医学学位后，他还将行医作为他的职业。

1666年，洛克遇到了莎夫茨伯里伯爵，并成为他的好友和助手，从此洛

克开始了他的哲学之路,他开始了他一生最重要的创作——《人类理解论》。在与莎夫茨伯里相处中,洛克在法国结识了很多重要的思想家,为他的创作提供了很多灵感与素材。然而好景不长,莎夫茨伯里卷入一次失败叛乱而出逃到荷兰,洛克也被波及,后来莎夫茨伯里去世,直到1688年法国光荣革命成功后洛克才重返家园。在荷兰隐姓埋名其间,洛克完成了《人类理解论》在内的多部著作。

在《人类理解论》中论述了人类知识的起源、性质及局限性。虽然《人类理解论》是洛克最有创造性的论著,也是著名的哲学经典著作之一,但是却没有他的政治论著对历史发展的影响大。

在《论信仰自由书》(1689年初次发表时未署名)一书中,洛克主张国家不应干涉宗教信仰自由。洛克虽然不是提出在所有的宗教派别中实行宗教信仰自由的第一位英国人,但是他提出的拥护宗教信仰自由的有力论证,是赢得公众支持这种方针的一个因素。而且洛克把这种信仰自由的原则扩展到非基督教徒当中去:"邪教徒、伊斯兰教徒都不应该因其宗教而被剥夺国家规定的民权。"但洛克认为这种信仰自由不应扩大到天主教徒和无神论者当中去,因为他认为他们忠实于外国君主。因此按今天的准则来看,人们会认为他是个气量狭小之辈,但是人们在评价他时应该联系他所处的时代。事实上,他提出的赞成宗教信仰自由的论证比他所提出的事例更能说服读者。

洛 克

虽然在哲学上洛克成就十分重要,不过他在政治及政治学说上的影响恐怕对后人更为巨大。洛克是第一个系统阐述宪政民主政治以及提倡人的自然权利的人,他主张要捍卫人的生命、自由和财产权。他的政治理念也深远地影响了美国、法国、英国等西方国家。

洛克最重要的著作还有《政府论》，在该书中他提出了自由宪政民主的基本思想。这本书对所有讲英语的国家和地区的政治思想的影响更为深刻。洛克坚信人人皆有与生俱来的权力，这些权力不仅仅包括人生，而且还包括个人自由和拥有财产的权力。洛克声言政治的主要目的是保护个人及臣民的财产，这种观点有时被称为"更夫政治"。

洛克批驳了王权神授的观念，主张政府的权威只能建立在被统治者拥护的基础之上。他第一次系统的提出天赋人权来反对君权神授。洛克主张统治者的权力应来自被统治者的同意，建立国家的唯一目的是为了保护社会安全以及人民的自然权利。当政府违背人民意愿的时候，人民有权力采取行动甚至是暴力来收回权利。

洛克支持社会契约论，不过他也强调这是可以废除的，他认为人与人是平等的，没有一个人可以在损害别人的情况下满足自身的利益。正是基于每个人都有独立自由的劳动权，洛克更进一步提出了每个人都是自身的拥有者，这种人身所有权是能够创造财富并且是财富的唯一来源。以这个结论出发，洛克推崇个人财产对人权的作用，他明确提出了个人财产是人权的物质保证和发展根基。

洛克相信权力分散的原则，但是他认为立法机关应高于行政机关（因此也高于司法机关，他认为司法机关是行政机关的一部分）。由于洛克认为立法机关应有至高无上的权力，因而他肯定会反对法院有宣布立法机关所立的法案不合宪法的权力。

虽然洛克坚信应由大多数人统治的原则，但是他清楚地表明政府不能拥有无限的权力。大多数人决不能破坏人们与生俱来的权力，也不能随意剥夺他们的财产权。政府只能根据被统治者的意志来合法地没收财产（在美国，这种思想最终用一个口号来表达："不许选代表，就不许征税。"）。

可见，洛克实际上几乎是在美国革命发生的一个世纪之前就把他的主要思想都表述出来了。他对托马斯·杰弗逊的影响极为明显。洛克的思想也渗入到了欧洲大陆——特别是法国，他的思想是导致法国革命和法国《人权宣言》的一个间接因素。虽然洛克不像伏尔泰和托马斯·杰弗逊那样闻名，但是他的作品产生在他们之前，对他们有强烈的影响。

洛克在分权方面的理论由后来的法国哲学家孟德斯鸠继续发展，并对美国

的三权分立制政体产生了一定的影响。洛克第一次系统地提出天赋人权学说来反对君权神授思想。他把在英国革命中提出的各种基本要求概括为自由权、生命权和财产权，并把它们说成是天赋人权。

洛克的政治思想对后来的政治发展起到了极大的作用。洛克的自由主义被美国奉为神圣，并成为民族理想。他的思想深深影响了托马斯·杰弗逊等美国政治家，并且在美洲引发了一场轰轰烈烈的革命浪潮。洛克的影响在法国则更为激烈。伏尔泰是第一个将洛克等人的思想传播到法国去的人，法国后来的启蒙运动乃至法国大革命都与洛克的思想不无关系。所以后世哲学家们将洛克的立法与分权学说称为资产阶级思想国家的奠基者是非常有道理的。

洛克的分权理论符合资产阶级的利益和要求，但带有妥协性，因为它承认国王的权力。洛克的分权理论在国家权力的划分方面很不科学。他对两权之间的关系也只谈到它们的权限分工，而没有涉及它们之间的制衡。因此，洛克只是近代分权学说的开创者。

孟德斯鸠的三权分立学说

三权分立亦称三权分治，是西方资本主义国家的基本政治制度的建制原则。其核心是立法权、行政权和司法权相互独立、互相制衡。三权分立具体到做法上，即为行政、司法、立法三大权力，分属三个地位相等的不同政府机构，由三者互相制衡。它是当前世界上资本主义民主国家广泛采用的一种民主政治思想。

孟德斯鸠所处的时代是17世纪末和18世纪前叶，此时正值法国封建主义和君主专制从发展高峰急剧走向没落的时期，统治阶级以极其残忍的手段压迫广大人民，宫廷和贵族极尽奢侈，民众却在饥寒中挣扎，长期的战乱、苛政使农民起义此起彼伏，政治、经济危机愈演愈烈。工业革命在法国逐渐兴起，工业资产阶级的利益与专制主义的冲突日益尖锐，资产阶级革命的时机进一步成熟。另外，思想领域的革命也为孟德斯鸠理论的形成做好了较为充分的思想准备。英国培根的实验主义，法国笛卡尔的理性主义对他产生了深刻的影响。一大批进步的史学家、科学家、哲学家、作家和进步人士为新兴的资产阶级奔走

呼号，他们激烈的抨击封建主义腐朽的社会秩序。英国资产阶级革命的思想也被广泛接受。这都为《论法的精神》的诞生打下了坚实的社会基础。

孟德斯鸠在洛克分权思想的基础上明确提出了"三权分立"学说。他特别强调法的功能，他认为法律是理性的体现，法又分为自然法和人为法两类。自然法是人类社会建立以前就存在的规律，那时候人类处于平等状态；人为法又有政治法和民法等。孟德斯鸠提倡资产阶级的自由和平等，但同时又强调自由的实现要受法律的制约，政治自由并不是愿意做什么就做什么。他说："自由是做法律所许可的一切事情的权利；如果一个公民能够做法律所禁止的事情，他就不再有自由了。因为其他的人也同样会有这个权利。"其中还提出了地理环境决定

孟德斯鸠

论，认为气候对一个民族的性格、感情、道德、风俗等会产生巨大影响；认为土壤同居民性格之间，尤其同民族的政治制度之间有非常密切的联系；认为国家疆域的大小同国家政治制度有极密切的联系。

孟德斯鸠在《论法的精神》中，将国家权力分为三种：立法权、行政权和司法权。所谓三权分立，就是通过法律规定，将三种权力分别交给三个不同的国家机关执掌，既保持各自的权限，又要相互制约保持平衡。孟德斯鸠这一思想对美国的宪法制定者影响很大，美国宪法规定，国会可以弹劾总统，但是美国建国二百多年来只有几个总统遭受弹劾提案。1974年，尼克松总统就因水门事件而主动宣布辞职，但没有受到弹劾；1999年美国参议院否决了对克林顿总统的弹劾案。

三权分立的实现模式在各大资本主义国家有所不同，而真实的情况是只有美国（总统制）实行三权分立，而其他绝大多数西方国家则实行议会制。西

人类历史上的重要学说

方议会制国家的显著特点是：立法权与行政权不分立。议会不但是国家的立法机关，而且是国家的权力中心。行使行政权的那些人来自议会（下院），包括国家总理也是。

一、三权分立的实行

三权分立制度在西方各国的具体模式不尽相同，但体现的基本精神是一致的，即立法、行政和司法三个国家职能部门分别拥有其特定的权力，并在相互牵制中达到权力的平衡。三权分立被孟德斯鸠诠释为立法、行政和司法分立后，解决了在民主社会制度下可能出现的问题，被当时广泛认为是民主制度的有力保证。现在，不少国家根据自己的国情，积极吸取三权分立制度中的合理因素，努力建成高效、廉洁的国家政治体制。

在中世纪的欧洲，出现了议会的雏形。与此同时，最高法庭等司法机构的职能不断强化。议会和法庭等政治权力机构的存在，对王权起到了一定的制约作用。随着资本主义文明的发展，资产阶级需要议会进一步制约王权，为自己的利益服务。英国"光荣革命"后第二年，洛克发表《政府论》，率先提出对不同权力机构进行全力限制的设想，为英国确立君主立宪制奠定了理论基础。

法国启蒙思想家孟德斯鸠在总结前人思想和历史经验的基础上，对三权分立作了系统的阐述。启蒙思想家的主权在民和三权分立理论，在18世纪的西方引起重大的社会反响。美国首先实践了这些启蒙思想，法国大革命同样贯彻了上述政治主张。

美国成立后，立国者对政府普遍采取不信任态度，为了保障公民自由和限制政府权力，他们采取了孟德斯鸠的三权分立学说，在美国宪法之内清楚地把行政、司法和立法分开，让他们相互制衡。根据美国1787年联邦宪法，联邦政府由国会、总统和联邦法院分掌立法、行政和司法三权。国会由参、众两院组成，是最高立法机构，有权弹劾总统和联邦法官；总统是国家元首和行政首脑，经参议院同意后任命行政高级官员、执行各项立法，拥有军事统帅权和外交权，总统的行政命令具有法律效力，总统及其所任命的各部部长不对国会负责，在紧急状态下总统可采取宪法以外的非常措施；联邦法院由若干终身任期的大法官组成，是最高的司法部门，对宪法和各项法案有最终解释权，有权裁决涉及国家和各州之间的重要案例。

在当时这种宪制是前所未有的崭新尝试。至今美国联邦政府的三权分立，仍然是众多民主政体中最彻底的。而美国大部分的州政府亦有相同的宪制架构。

二、三权分立的格局

在三权分立的格局下，立法权与行政权在实质上是合一的。两种权力不但共生，既产生议会成员的选举也间接产生总理（首相）的选举，而且共灭，即总理（首相）必须保持议会大多数成员的支持，否则要么下台，要么解散议会而重新举行大选。不但如此，一般而言，议会制是没有任期限制的，只要获得议会多数的支持，总理（首相）就可以永远干下去。在议会制下，政府（内阁）由议会中占多数席位的政党（或执政联盟）组成，并对议会负责。英国是典型的议会制国家。在议会制下，政党政治实质上是主宰议会政治的幕后之手，议会至上实质是执政党至上。

分权的目的在于避免独裁者的产生。古代的皇帝以至地方官员均集立法、执法（行政）、司法三大权于一身，容易造成权力的滥用。即使在现代，立法、运用税款的权力通常掌握在代表人民意愿的议会中，司法权的独立在于防止执法机构滥权。

卢梭的天赋人权思想

自然权利源于古希腊哲学的自然法理论。文艺复兴以来，自然权利成为西方法律与政治思想的重要议题。17、18世纪，荷兰的格劳秀斯、斯宾诺莎，英国的霍布斯、洛克，法国的伏尔泰、狄德罗、卢梭等对这一思想进行重要的发展，其中以卢梭的天赋人权思想最能震撼人类灵魂。

在哲学上，卢梭主张感觉是认识的来源，坚持"自然神论"的观点；强调人性本善，信仰高于理性。在社会观上，卢梭坚持社会契约论，主张建立资产阶级的理性王国；主张自由平等，反对大私有制及其压迫；提出天赋人权说，反对专制、暴政。在教育上，他主张教育的目的在于培养自然人；反对封建教育戕害、轻视儿童，要求提高儿童在教育中的地位；主张改革教育内容和

方法，顺应儿童的本性，让他们的身心自由发展。上述观点反映了资产阶级和广大劳动人民从封建专制主义下解放出来的要求。

卢梭是最早攻击私人财产制度的现代作家之一，他的政治哲学中最主要的原则是政治不应与道德分离。当一个国家不能以德服人，它就不能正常地发挥本身的功能，也不能建立对个人的权威。第二个重要的原则是自由，捍卫自由是国家建立的目的之一。这也是法国大革命由政治革命而社会革命，再由社会革命而道德革命，规模和程度远超英美的一个重要原因。

卢梭提出：在自然状态（动物所处的状态和人类文明及社会出现以前的状态）下，人本质上是好的，是"高贵的野蛮人"。

卢 梭

好人被他们的社会经历所折磨和侵蚀。而社会的发展导致了人类不幸的继续。卢梭的《论科学与艺术》强调，艺术与科学的进步并没有给人类带来好处。他认为：知识的积累加强了政府的统治而压制了个人的自由；物质文明的发展事实上破坏了真挚的友谊，取而代之的是嫉妒、畏惧和怀疑。自然权利是天赋的、不可转让、不可剥夺的，是理论上存在的权利；自然权利是自然生物所共有的、任何个体都可对隶属对象或其他物种或社会所要求的重要利益。

无疑，卢梭所憧憬的自然人，是资产阶级新人的形象。这正是他的思想比封建主义教育进步的地方，也是他横遭迫害的主要原因。在描述人和社会关系的《社会契约论》一书中，卢梭写到"人是生而自由的，但却无时不在枷锁之中"，这也成为他后来最有影响力的著作和学说代表之一，在这本书中卢梭再次强调了人本身应该具有的权利。卢梭认为自然状态是没有法律和道德的兽

性状态，好人是因为社会的出现才有的。自然状态下，常有个人能力无法应付的境况，必须通过与其他人的联合才能生存，因而大家都愿意联合起来。人们联合在一起，以一个集体的形式而存在，这就形成了社会。社会的契约是人们对成员的社会地位的协议。

卢梭尝试把政府的出现解释为统治者与被统治者的一种契约。人们愿意放弃个人自由并被他人所统治的唯一原因，是他们看到个人的权利、快乐和财产在一个有正规政府的社会，比在一个无政府的、人人只顾自己的社会能够得到更好的保护。不过，卢梭又指出原始的契约有着明显的缺陷。社会中最富有和最有权力的人欺骗了大众，使不平等成为人类社会一个永恒的特点。他认为，政府不应该是保护少数人的财富和权利，而是应该着眼于每一个人的权利和平等。不管任何形式的政府，如果它没有对每一个人的权利、自由和平等负责，那它就破坏了作为政治职权根本的社会契约。这种思想是法国大革命和美国革命的根本。事实上，说法国和美国革命是卢梭在社会契约上的抽象理论的直接结果毫不过分。

天赋人权观作为资产阶级上升时期提出的人权理论，代表了新兴的生产关系和新兴阶级的利益。它在理论上倡导自由、平等和私有财产神圣不可侵犯，否定封建人身依附关系，是资产阶级反抗封建统治和压迫的理论武器，具有历史进步作用。

天赋人权观在人类历史上第一次提出了具有普遍意义的人权概念，对资产阶级革命的胜利起过积极作用，也为全世界被压迫民族和人民利用这一概念，并引申出符合自身要求的人权内容提供了基本前提。

天赋人权观推动了资本主义生产方式的建立，使人拥有了自由平等的权利。在奴隶社会，占人口绝大多数的奴隶根本不被当做人，而是被当做主人的物；在封建社会，广大农奴虽然被当做人，但却是主人的人，他们对封建地主存在着政治上和经济上的人身依附关系，仍然没有自由和平等可言。资产阶级天赋人权观的提出和确立，反映了资本主义商品经济的客观要求。它一方面使资产阶级摆脱了封建的政治束缚，建立了本阶级的自由平等；另一方面也使广大劳动群众摆脱了狭隘的封建经济关系和政治桎梏，在政治上和人身上获得了一定的自由和平等。这相对于奴隶制和封建制社会来说，无疑是生产方式的进步和人的地位的提高。天赋人权观推动了社会生产力的长足发展，正如马克思

所说："资产阶级在它的不到一百年的阶级统治中创造的生产力，比过去一切世代创造的全部生产力还要多，还要大。"

必须指出的是，天赋人权观也有其阶级和时代的局限性。首先，天赋人权实质上是资产阶级特权。在资本主义社会里，最主要的人权之一是资产阶级所有权。私有财产神圣不可侵犯是天赋人权观的核心。自由和平等归根到底只是资本所有者之间的自由和平等，其实质无非是自由、平等地剥削劳动力；对于不拥有生产资料的广大劳动者来说，天赋人权只是意味着自由出卖劳动力和平等地受资本家剥削的权利。其次，天赋人权观是为资产阶级的政治统治服务的。在资产阶级已经取得政权的国家里，政治统治成为资产阶级对整个社会的统治，天赋人权实质上只是资本和金钱的政治特权，对广大劳动人民来说，不可能有普遍平等的政治权利。最后，天赋人权观把抽象的人性、理性作为权利的根源，把人权视为与生俱来的自然权利，抹杀了人权的历史性、社会性和阶级性，因而其在哲学上存在着很大的缺陷。

科学社会主义学说

科学社会主义即科学的政治学理论，是关于人们认识社会的具体科学理论。它是由马克思和恩格斯于19世纪40年代创立的。马克思、恩格斯运用辩证唯物主义的逻辑思维形式，在批判历代空想社会主义的基础上，以历史唯物主义的观点揭示和发现了人类社会发展的规律及当代资本主义经济运动的规律——剩余价值规律。这两个规律的发现使社会主义从空想变成了科学。它是关于无产阶级解放斗争发展规律的科学，是一门政治科学，或者说是一门政治学而不是社会学。

科学社会主义是与空想社会主义相对而言的关于社会主义的科学的理论体系、理论模型与实践模式。科学社会主义是人类一切文明成果的结晶。

为了同空想社会主义相区别，马克思和恩格斯才使用科学社会主义这个名称。它有广义和狭义两种含义。广义的含义，泛指马克思主义的科学理论体系；狭义的含义则专指马克思主义三个组成部分之一的科学社会主义学说。它是关于无产阶级解放斗争发展规律的科学，即关于无产阶级所进行的斗争的性

质、条件以及由此产生的一般目的的科学。无产阶级所进行的斗争的性质，就是要使自己从资本主义奴役下解放出来，彻底埋葬雇佣劳动制度；无产阶级所进行的斗争的条件，就是要使自己获得彻底解放，必须消灭阶级剥削、阶级压迫和阶级差别，消灭产生阶级的生产资料私有制；无产阶级所进行的斗争的一般目的即最终目的，就是在全世界实现共产主义，解放全人类。无产阶级解放斗争的性质、条件和一般目的这三个内容，是一个相互联系、不可分割的整体，特别是作为条件的那些内容，既反映性质又决定目的。因此，科学社会主义可以简述为关于无产阶级解放条件的学说。

资本主义制度在西欧一些主要国家的最终确立和资本主义基本矛盾的充分暴露，是科学社会主义产生的经济条件；现代无产阶级的形成，无产阶级和资产阶级斗争的尖锐化，无产阶级作为一支独立的政治力量登上历史舞台及工人运动的空前高涨，是科学社会主义产生的阶级基础；19世纪初期三大空想社会主义的学说，是科学社会主义产生的思想条件或直接思想来源。社会主义从空想发展为科学的关键是唯物史观和剩余价值学说的创立。科学社会主义包含极其丰富的内容，集中到一点就是：科学地论证了社会主义必然代替资本主义的历史趋势，论证了无产阶级埋葬资本主义、建设社会主义和共产主义的伟大历史使命。科学社会主义理论创立以来的历史证明，它的理论是正确的，社会主义具有强大的生命力。同时，它又不是一成不变的教条。它在指导实践的过程中又要接受实践的检验，随着实践的发展而不断扩展、不断深化、不断丰富、不断完善。中国特色社会主义理论体系，就是科学社会主义在当代中国的新发展。

关于无产阶级解放斗争的性质、条件和一般目的的学说，是研究无产阶级解放运动发展规律的科学，又称科学共产主义，由马克思和恩格斯于19世纪40年代创立。有广义和狭义之分。广义的科学社会主义指马克思主义的整体，包括哲学、政治经济学和科学社会主义三个组成部分；狭义的科学社会主义指马克思主义的三个组成部分之一，即同马克思主义哲学、政治经济学相并列的科学社会主义。人们实践中的社会主义，即作为运动或制度的社会主义，通常是从狭义上来理解的。

一百多年来的社会主义运动的实践证明，这些基本原理具有普遍意义，是颠扑不破的科学真理。同时，这些基本原理还在实践中不断丰富和发展。科学

社会主义是一门综合性的理论科学。它既要从总体上又要从社会生活的各个方面——经济的、政治的、思想文化的各个方面及其相互关系，去研究社会主义的发展规律。科学社会主义是一门直接指导革命和建设的行动科学。哲学、政治经济学、科学社会主义都是指导无产阶级革命实践的，但是其中科学社会主义和实践的联系更直接、更密切，它是制定党的路线、方针、政策的理论基础。

科学社会主义是一门充满生机和旺盛生命力的蓬勃发展的科学。它在实践的基础上不断地研究社会主义、共产主义事业中的新情况、解决新问题，同时本身也获得丰富和发展。一个多世纪以来，随着无产阶级革命事业的发展，特别是社会主义制度在一些国家的建立，科学社会主义在体系、结构上不断变化，在内容上愈加充实和丰富了。

孙中山的三民主义学说

三民主义是由孙中山所倡导的民主革命纲领。由民族主义、民权主义和民生主义构成，简称三民主义。三民主义的发展过程分为两个阶段，即旧三民主义和新三民主义。它是中国人民的宝贵精神遗产，中国近代革命的行动指南。

三民主义反映了中国旧民主主义革命时期的社会基本矛盾，概括了客观历史进程提出的三大斗争任务。以民族革命实现民族主义；以政治革命实现民权主义；以社会革命实现民生主义，最开始的三民主义是孙中山处在理论时期的一种口号，随着真正的革命斗争不断地进行实践，三民主义得到丰富和发展，在同盟会纲领中，三民主义完整地表述为"驱除鞑虏，恢复中华，创立民国，平均地权"四句话。

民族主义是孙中山首先揭示的战斗旗帜。它反映了近代中国社会错综复杂的民族矛盾——既有帝国主义同中华民族的矛盾，又有以满族贵族为首的清朝统治集团同汉族及其他少数民族的矛盾，而帝国主义和清朝统治集团正日益勾结起来。

民族主义的主要内容之一，就是"驱除鞑虏，恢复中华"，这始终是资产阶级革命民主派在清末的战斗口号。这不仅由于清王朝是一个由满族贵族

"宰制于上"的封建专制政权，还因为它已经成为洋人的朝廷。"反动"口号所以具有广泛的动员意义，原因就在于此。避免中国被瓜分、共管的厄运，争取民族的独立和解放，是民族主义的另一主要内容。在《民报》发刊词中，孙中山把"外邦逼之"和"异种残之"并列为民族主义"殆不可须臾缓"的基本原因。"非革命无以救垂亡"，而革命必须先推翻满清政府，民族主义的反对帝国主义压迫的意义蕴涵于此。

民权主义是三民主义的核心。它反映了近代中国社会的又一个主要矛盾，即封建主义和人民大众的

孙中山

矛盾。民权主义的基本内容是：揭露和批判封建专制主义，指出封建的社会政治制度剥夺了人权，因而，绝非"平等的国民所堪受"；必须经由"国民革命"的途径推翻封建帝制，代之以"民主立宪"的共和制度，结束"以千年专制之毒而不解"的严重状态。与这种"国体"的"变革"相适应，关于政体的筹划也构成民权主义的重要内容。

民生主义是孙中山的社会革命纲领，它希望解决的课题是中国的近代化，即发展资本主义经济，使中国由贫弱至富强；同时还包含着关怀劳动人民生活福利的内容，以及对资本主义社会经济溃疡的批判和由此产生的对社会主义的同情。孙中山把民生主义的主要内容归结为土地与资本两大问题。平均地权、土地国有是孙中山的土地方案。主要内容为："当改良社会经济组织，核定天下地价。其现有之地价仍归原主所有，其革命后社会改良进步之增价，则归于国家，为国民所共享。"孙中山认为这一方案的实施可以防止垄断，也能使"公家愈富"，从而促进社会发达。在有关资本的课题上，孙中山确认"实业主义为中国所必须"。他认为中国的近代化是历史的必然趋势，《实业计划》一书就是发展社会经济的宏伟蓝图。他把发展社会经济的途径归结为节制资本

和发展国家社会主义，即将"不能委诸个人及有独占性质"的"大实业"（如铁路、电气和水利等）"皆归国有"，因为这既可"防资本家垄断之流弊"，又得以"合全国之资力"。民生主义实质上是最大限度发展资本主义的方案，虽然它涂上了主观社会主义的色彩。孙中山对于民生主义的实现方式主张是保守温和的，他认为与起义的暴力方式去实现民生主义会造成更大的破坏，因此通过改良实现民生主义是可行而且可靠的。

三民主义存在着历史的局限，主要表现为缺乏明确的、彻底的反帝反封建内容。但是，它批判地承袭了农民战争和维新运动的积极内容，从西方借取了民主主义思想素材，成为中国近代社会中具有比较完全意义的民主革命纲领。三民主义反映了半殖民地半封建社会的主要矛盾，表达了人民群众争取独立、民主和富强的愿望，标志着旧民主主义革命在更完整意义上的开始，在当时的历史条件下产生过重大的积极作用。

三民主义的批评者众多，他们认为孙中山的三民主义基本上是东抄西凑，自相矛盾，思想极度混乱的产物。

1927年陈炯明所著的《中国统一刍议》称："三民主义及其发表之政纲，皆东抄西袭，绝少独立之思想，一贯之理论，而于国情亦未适合。（详细批评，非本论范围，但国民党贤者，必知其说，不过头上有偶像，不敢触犯耳。如有马定路德出于其党，庶有中兴之望）。在今日视之，已属陈腐不堪，亟待修正。有何神圣而必强求青年，桎其心思，梏其趋步耶！"

当中国革命历程进入新民主主义阶段时，孙中山接受了中国共产党和共产国际的帮助，"适乎世界之潮流，合乎人群之需要"，确立了联俄、联共、扶助农工的三大政策，把旧三民主义发展为新三民主义。在民族主义中突出了反帝的课题："民族解放之斗争，对于多数之民众，其目标皆不外反帝国主义而已。"在民权主义中进一步揭露了封建军阀、官僚的暴戾恣肆，对资产阶级的社会政治制度作了某些批判，称道了"比代议政体改良得多"的苏维埃国家"人民专政政体"，重申了"主权在民"的原则。在民生主义中则强调了"耕者有其田"的观点，阐发了"使私有资本不能操纵国民之生计"的思想。新三民主义是旧三民主义的发展，反映了新的历史特点，表现了资产阶级革命民主派在新的革命阶段的进步性，并成为第一次国共合作的政治思想基础。

地缘政治学

地缘政治学是一种探讨个人、组织或团体，因为空间分布等地理因素，经营政治的手段及方法，常以地理因素为底，对经济、社会、外交、历史、政治等方面进行分析。"地缘政治学"一词最早由瑞典政治地理学家哲伦在1917年发表的《论国家》一书中提出的。他将地缘政治学定义为"把国家作为地理的有机体或一个空间现象来认识的科学"，着重研究国家形成、发展和衰亡的规律。然而若真正追溯地缘政治学的根源，可以追溯到德国地理学家弗里德里希·拉采尔1897年提出的"国家有机体论"，以及之后发表的生存空间概念。哲伦就是在此基础上进一步发展拉采尔的理论，用地理来解释政治现象。

拉采尔是德国慕尼黑工业学校教授和莱比锡大学地理学教授，尽管他并未提出地缘政治学这一概念，但后人还是根据他的国家理论确认他为地缘政治学的鼻祖。拉采尔一生著述颇丰，他著书立说之时，正是达尔文的划时代学说——进化论广为传播的时期。达尔文的进化规律应用于人类社会的学说，产生了社会达尔文主义。例如，英国学者斯宾塞认为，人类社会与生物有机体间在三个方面具有相似性：一是两者都有调节系统，生物是中央神经系统，人类是政府系统；二是两者都有产生能量的系统，生物是消化系统，人类社会是经济系统；三是两者都有分布系统，生物有血管和动脉，人类社会有电讯和道路。拉采尔深受斯宾塞关于人类社会与动物有机体有相似性这一思想的影响，提出了有机体的国家理论。概括起来包括以下内容：

一个特定社会的人群集团或民族在特定的土地上所形成的组织——国家是一种单细胞的国家有机体。

国家是置于土地的基础上的，国家就是一群人和一片土地的有机体。国家离开土地即失去了国家生命的存在基础。国家是土地上人类的最大劳动成果。

把国家比作人体，边疆属于末端器官；生长中的地域为其四肢；公路、铁

路、水道为其循环系统；国家首都则为头脑、心脏和肺腑。同时，国家又属于一个空间性的有机体，它是生命的物体，不断增长，国家的向上发展，就是土地与人民结合关系的增长。所谓生存竞争，即是争夺空间的竞争。国家的发展也就是国土地域的发展。

有机体是生长的，国家也是不断生长的，一个国家必然和一些简单的有机体一样地生长或老死，而不可能停滞不前。当一个国家侵占别国领土时，就是其内部生长力的反映，强大的国家必须有生长的空间。空间有机体的国家存在自然的增长趋势，如果没有强大的邻国给予有效地反对，它就会超越这些界限。

因此，有人把拉采尔的国家有机体的运动论归结为国家有机体、生存空间和边疆动态论的统一体。拉采尔的政治地理学理论对后世产生了久远的影响，特别是对地缘政治学的发展影响尤为突出。

"地缘政治学"一词，是瑞典政治学家哲伦的新创。他利用拉采尔关于有机体的国家论发展了地缘政治学，认为国家的行为应被看做是一种竞争力量，必然的结果就是少数强大的吞并弱小的，这是竞争中的永恒规律。这样，力量因素就成了国家的决定因素，只有大国强国才能影响大陆及全球的政治。

"一战"期间，面对沙皇俄国向外扩张的趋势已危及自己的祖国瑞典，哲伦感到忧心忡忡。在他看来，瑞典所在的斯堪的纳维亚集团根本无力挽救这种趋势。解决办法是祈求德国老帝国能够成为未来德国——北欧集团的中心，从而维护欧洲中心的稳定。他在1914年发表的《现代的诸列强》中明确提出，德国向外侵略是人类的使命的责任，认为德国海陆兼备，这是争夺世界强国地位最有利的条件。哲伦的这种思想与以后德国的侵略扩张意图不谋而合，从而成为第三帝国地缘政治学派的奠基人。

关于地缘政治学的定义，美国著名学者斯皮克曼给出的是"一个国家依据地理因素对于安全政策的统筹规划"。而另外两名美国学者佩尔蒂尔和潘赛则把地缘政治学看做是"运用地理学为政治目的寻求指导方针的艺术或科学"。显然，这几位美国学者把地缘政治学视为战略地理学，也就是研究国家的对外政治战略（包括国防和外交战略）决策与地理环境相互关系的学科。

从以上介绍的两个定义中不难看出，地缘政治学实际上是地理和政治的结合体，故又称地理政治学。它把地理因素（如地理位置、国土面积、人口、民族、资源、经济实力及战略军备等）视为影响甚至决定国家对外政治决策的一个基本因素，并依据这些地理因素和政治格局的地域形成，分析预测世界或地区范围的战略形势及有关国家的政治行为。

经济篇

托马斯·曼的重商主义学说

托马斯·曼是英国晚期重商主义的代表人物，英国贸易差额说的主要倡导者。他出生于伦敦的一个商人家庭，早年从商，成为英国的大商人。1615年担任东印度公司的董事，后又任政府贸易委员会的常务委员。

托马斯·曼的《英国得自对外贸易的财富》一书，在历史上占据着不可磨灭的地位。马克思曾对该书给予很高的评价，称之为"重商主义的圣经"。他在谈到托马斯·曼这本改写后出版的著作时说："这一著作早在第一版就有了特殊的意义，即它攻击当时在英国作为国家政策还受到保护的原始货币制度，因而它代表重商主义体系对于自己原来体系的自觉的自我脱离。这一著作已经以最初的形式出了好几版，并且对立法产生了直接影响。"马克思接着指出，这部书"在一百年之内，一直是重商主义的福音书。因此，如果说重商主义具有一部划时代的著作……那么这就是托马斯·曼的著作"。

重商主义主张政府应该控制国家的经济，以便损害和削弱对手的实力，增强本国的实力。15世纪初，正当文艺复兴运动进入初期发展阶段之时，重商主义兴起。到了17世纪，随着文艺复兴运动的衰落，重商主义也逐渐开始崩溃。从时间上看，重商主义可以说与文艺复兴运动同步。同一时期产生两种社会思想——人文主义和重商主义，其中有其深刻的根源，即当时社会上追求商品生产更快发展，追求商业资本的迅速增加和货币资本的不断积累，已成为一股不可抗拒的潮流，这是重商主义产生的一个重要原因。然而，重商主义的产

生和更深层次的背景，则是在追求商业资本增加、追求货币积累这股强大潮流冲击下，所引起的西欧经济形式和社会阶级关系的变化。新经济的发展，引起了社会各阶层的变化，旧式贵族变成了真正的商人，它正反映了自然经济向商品经济过渡的变化。重商主义就是在这样一种背景下产生的。

16世纪，早期重商主义者禁止金银货币输出的政策仍在英国占支配地位；17世纪初，他们猛烈抨击东印度公司在对外贸易中大量输出金银的做法。为了反驳这种责难，1621年，托马斯·曼发表了《论英国与东印度的贸易，答对这项贸易常见的各种反对意见》一书，论述东印度公司输出金银买进东印度地区的商品，再转卖到别国去，所换回的金银远比运出的多得多。这表明托马斯·曼已摆脱禁止金银输出的旧思想。该书出版之后，受到社会上的注意，并对当时的立法产生了直接影响。1630年，托马斯·曼把该书改写为《英国得自对外贸易的财富》（或《我们的对外贸易差额是我们财富的尺度》）。在他死后，此书由他的儿子于1664年出版。在这一著作中，商业资本的成熟经济思想得到了系统和充分的阐述。

托马斯·曼是英国重商主义的集大成者，其重商主义理论及税收思想集中表现在《英国得自对外贸易的财富》一书之中。该书不仅成为英国，而且成为一切实行重商主义政策的国家在政治、经济等方面的基本准则。

托马斯·曼重商主义理论的核心，是国际贸易差额论。他认为金银货币是财富的唯一形态，而对外贸易是财富的唯一源泉。外贸要少买多卖，使货币流入多于支出。为此，托马斯·曼认为，为了实现国家外贸出超，增加本国货币积累的目的，国家要干预经济生活，以保证上述目标的实现。他建议国家采取有效政策和措施，其中主要是保护关税政策，以奖励输出，限制输入。他主张，当商品输出时，国家全部或部分地退还资本家原先已纳的税款；同时，对输入本国的外国商品课以高额关税或禁止性关税，保护本国工业发展；当进口商品经过加工重新输出时，国家则应退还这些商品在进口时所纳的关税。

托马斯·曼在所著《英国得自对外贸易的财富》一书中，详尽阐述了重商主义关于保护关税政策的基本原则、主张和意义。由于托马斯·曼将国外贸易差额看做是一国财富的标准，就必然导致"财富是战争的命脉"的"国防财政论"和"重税无害论"。他认为："由于国土的大小、贫富的程度和贸易

差额多寡等因素存在差异，政府获得收入的方法也随国家宪法、政府、法律和民俗的不同而大有差别。国王想要改变这些制度是非常困难的、危险的。即使国王以重税发财致富，国民却会因此而贫穷。不过，由于各国情况特殊，课征重税不仅是不得已的，是正当的，还是有利于国家的。因为幅员不大的国家，靠经常性收入是不足以蓄积抵御外国侵略所需的财富的。所以，这些国家不得不在平时课征重税，来积存现金和军火充当国防之用。"

托马斯·曼从国防费用赋税负担，进一步阐述他的赋税论，他认为："虽然关税与货物税导致服装与生活必需品价格上涨，但是劳动力的价格也与之成比例地提高。因此国防费用赋税的负担最终转嫁到作为雇主的生产者身上。国民靠纳税使自身安全得以保证，所以这种纳税是既公正又有利的。但是，如果税收被国王挥霍于私人享受、属于滥用赋税，则是国家之损失。"他认为国王在临时征收赋税时，必须取得全体人民的认可，征课赋税必须取得议会的同意。

托马斯·曼正是从这种贸易差额理论出发，提出了他的财富是战争的命脉的国防财政论和赋税思想。

重商主义学说有两个基本观点：

其一，认为贵金属（货币）是衡量财富的唯一标准。一切经济活动的目的就是为了获取金银。除了开采金银矿以外，对外贸易是货币财富的真正的来源。因此，要使国家变得富强，就应尽量使出口大于进口，因为贸易出超才会导致贵金属的净流入。一国拥有的贵金属越多，就会越富有、越强大。因此，政府应该竭力鼓励出口，不主张甚至限制商品（尤其是奢侈品）进口。

其二，由于不可能所有贸易参加国同时出超，而且任一时点上的金银总量是固定的，所以一国的获利总是基于其他国家的损失，即国际贸易是一种零和博弈。

不过，重商主义的政策结论仅在某些情况下站得住脚，并非在一般意义上能站得住脚，所以重商主义存在一定的局限性。同时，重商主义把国际贸易看做一种零和博弈的观点显然是错误的。重商主义把货币与真实财富等同起来也是错误的。正是基于这样一个错误的认识，重商主义才轻率地把高水平的货币积累与供给等同于经济繁荣，并把贸易顺差与金银等贵金属的流入作为其唯一的政策目标。

威廉·配第的价值论和分配论

威廉·配第出生于英国的一个手工业者家庭，从事过许多职业，从商船上的服务员、水手到医生、音乐教授。他头脑聪明，学习勤奋，敢于冒险，善于投机，晚年成为拥有大片土地的大地主，还先后创办了渔场、冶铁和铝矿企业。马克思对配第的人品是憎恶的，说他是个十分轻浮的外科军医，是个轻浮的掠夺成性的、毫无气节的冒险家；但是，却对于他的经济思想给予了极高的评价，称他为"现代政治经济学的创始者"、"最有天才的和最有创见的经济研究家"，"是政治经济学之父，在某种程度上也可以说是统计学的创始人"。

时势造英雄。英国资产阶级的大发展使这样一个"轻浮的"的冒险家成为了"政治经济学之父"。17世纪中叶，工场手工业已经成为生产的主要形式，英国已经成为整个世界工业最发达的国家。与此相应，资本主义生产关系在英国已达到最发达的程度。这是英国得以最先产生古典政治经济学的经济基础。

英国资产阶级革命的胜利奠定了英国最先产生古典政治经济学的阶级基础。1640年英国爆发资产阶级革命，英国资本主义经济迅速发展，工场手工业日趋兴盛，产业资本逐渐代替商业资本在社会经济中占据重要地位。配第代表新兴的产业资本的利益和要求，积极著书立说，为英国统治殖民地、夺取世界霸权寻找理论根据，他正是从这时开始研究经济学问题。

威廉·配第最著名的经济学著作是《赋税论》（1662年）。虽然他的经济学著作都是论述当时社会上存在的主要经济问题，没有形成完整的政治经济学理论体系，但他没有满足于对现实经济问题进行现象上的说明，而是力求探索经济现象产生的自然基础。他反对根据主观意愿作推断，提出要从具体的统计资料中去寻找经济现象产生的自然基础。由此，他摆脱了重商主义的影响，把政治经济学的研究从流通领域转到生产领域，考察了资本主义生产的内部联系。

威廉·配第的主要贡献是最先提出了劳动决定价值的基本原理，并在劳动价值论的基础上考察了工资、地租、利息等范畴，他把地租看做是剩余价值的

人类历史上的重要学说

基本形态。配第区分了自然价格和市场价格，还提出了商品的价值和劳动生产率成反比例。但是他没有把价值、交换价值和价格明确区分开来，他把生产白银的具体劳动当做创造价值的劳动，不懂得创造价值的是抽象劳动。他还提出了"劳动是财富之父"、"土地是财富之母"的观点，由此，他认为劳动和土地共同创造价值，显然，这种观点和他的劳动价值论是矛盾的，它混淆了使用价值的生产和价值的创造。

威廉·配第

如果没有17世纪经济学家的这些抽象的一般的规定，就不可能有后来那些成熟的、体系化的、从抽象上升到具体的古典政治经济学。马克思曾经高度评价以配第为代表的早期先驱者，他说："17世纪的经济学家总是从生动的整体，从人口、民族、国家、若干国家等开始；但是他们最后总是从分析中找出一些有决定意义的抽象的一般的关系，如分工、货币、价值等，这些个别要素一旦多少确定下来和抽象出来，从劳动、分工、需要、交换价值等这些简单的东西上升到国家、国际交换和世界市场的各种经济学体系就开始出现了。"从这个意义上来说，虽然配第没有完整的体系，没能进一步从抽象上升到具体，但是无论如何，他还是那个时代最伟大的经济学家之一。他的学说内容概括如下：

一、劳动价值论

配第认为，劳动者的奉献才是社会财富的源泉。他所著的《赋税论》第一次提出了劳动决定价值的观点："一切东西都应由两个自然单位——即土地和劳动——来评定价值。"配第在劳动价值论基础上考察了工资、地租、利息等范畴，然后将地租看做是剩余价值的基本形态。

但是，土地耗费与人类劳动耗费对于人类来说是根本不同的，只有用人类自身的辛劳程度来衡量物品的价值，才是更值得的。人类耗费的辛劳程度越大，物品的价值也就越大。所以配第便将物品价值的衡量尺度更多地转向人类劳动。

配第认为商品所耗费的劳动时间决定商品的价值，他认为商品的价值与劳动生产率是成反比的。配第首先区分了自然价格、政治价格和真正的市场价格。他所说的自然价格实际上是指价值。他所谓政治价格是依照自然价格基础计算出来的价格，而"如果将这种政治价格以人为的共同的标准银市来衡量，就可得到我们所寻求的价格，即真正的市场价格"。

配第着重研究的是价值，即他所说的自然价格。在价值的决定问题上，配第认为，"自然价值的高低，决定于生产自然必需品所需要人手的多少"，"实际上用商品中包含的劳动的比较量来确定商品的价值"。为此，配第举例说：假定生产一蒲式耳的谷物和生产一盎司白银要用相等的劳动，"假如一个人在能够生产一蒲式耳谷物的时间内，将一盎司白银从秘鲁的银矿中运来伦敦，那么，后者便是前者的自然价格"。由此可见配第明确地认识到了："劳动被看做价值的源泉"；商品的价值"决定于它所包含的劳动时间"；而通过交换，实际上用商品中包含的劳动的比较量来确定商品的价值；以一个商品的等量劳动时间确定另一商品的价值量。

配第认识到商品的价值量同生产该商品的劳动生产率有反比例的关系，而劳动分工会引起劳动生产率的相应变化。这是经济科学上的一项重要发现，解决了从古代到配第为止一直未能解决的重大理论问题。配第的功绩是，他第一次发现了均等关系的基础，初步揭开了价值表现的秘密。

二、分配理论

在劳动价值论的基础上，配第建立自己的分配理论，其内容包括工资、地租、利息和地价理论，并且是以地租论为中心，以工资论为前提的。尽管配第那时还没有认识到剩余价值的本质，但他所说的地租其实就是剩余价值，所以，他的分配理论实际上反映了资本主义分配关系的某些特点。

在配第看来，劳动的价值是由必要的生活资料决定的。在《赋税论》中，他说，法律应该使工人得到仅仅最必要的生活资料，因为，如果给工人双倍的生活资料，那么，工人的工作，将只有他本来能作的并且在工资不加倍时实际所作的一半。这对社会来说，就损失了同量劳动所创造的产品。这就是说，如果一个工人每天工作12小时，其中只有6小时就可以维持自己一天的生活，但是，法律只给了工人6小时劳动所创造的价值，而不是全部的12小时，因

为如果这样，社会其实就是资产阶级就损失了一半的财富。所以，工资只能是必要的生活资料的价值，是为社会提供剩余价值的，工人的劳动才是社会财富的源泉。

虽然配第做这样的研究是为了维护英国政府限制工人最高工资的立法，提高资本的利润和积累。但他已经意识到了资本家剥削工人剩余劳动创造的剩余价值，并在事实上已把工人的全部劳动时间划分为必要劳动时间和剩余劳动时间两个部分。

到了18世纪中叶，地租开始下降，地主为此怨言不断，在这种情况下，土地的价值和提高这个价值的方法日益重要起来，摆上了国家议事的日程。

配第一直致力于土地的价值的研究，力图发现可以自由买卖的土地的自然价值。在这方面，他是很有天才的。关于土地的价格，他明确提出，地租等于扣除种子和工资后土地生产物的剩余。地租是七年地租的平均数，称之为一般地租。根据当时英国人口出生与死亡的统计，祖、父、孙三代同时生活的平均数是21年，因此他认为地价为21年的地租的总和，这基本上符合当时英国的地价。在土地价格问题上，配第不仅仅是得出了一个21年的准确数据，而且还看出了土地价格是资本化的地租，是一定年数的年租或一定年数的地租总额，是地租本身的转化形式。因此马克思还称他为统计学创始人。

值得注意的是，配第还论述了工资和地租的对立关系，因为地租是扣除工资及其他之后的余额，因此工资的变动必然引起地租向反方向变化，工资越多，地租越少。虽然他的观察还不是很完善，但却是第一个论证了地租和工资对立的人，这个观点对后来李嘉图的"工资和利润的对立，利润与地租的对立"的见解有着很大的启发。

威廉·配第之所以能成为政治经济学之父，还在很大程度上归功于他的个人经历与素质以及在此基础上形成的新的研究方法。早在14岁时，他就表现出对父辈的叛逆性格，出海远航，追求自由的生活。他迷恋于科学，特别是医学（1644~1645年在荷兰莱顿大学攻读医学，后又到法国、英国行医和从事学术研究，1649年获得牛津大学医学博士学位，成为医生并兼任皇家医学院教授，1651年任爱尔兰英国驻军总司令的随从医生），医生的经历有助于他运用医学和人体结构学的精密视野考察经济生活，而他的投机生涯也使他对经济运行法则有了经验性的了解。他还担任过大哲学家霍布斯的秘书，这又使他在

探索经济问题时，能够实现经济研究方法论的革新。

从配第的著作问世到 18 世纪 50 年代，英国出现了许多优秀的经济学家，他们或多或少都继承、发展了配第的理论和思想，配第是这一时期政治经济学的热门话题，是大家讨论的中心人物，因为这一时期比较重要的经济著作，无论赞成或者反对配第，总是涉及配第的。

马尔萨斯的人口原理

托马斯·罗伯特·马尔萨斯是英国人口学家和政治经济学家。他的学术思想悲观但影响深远。他出生于一个富有的家庭。他的父亲丹尼尔是哲学家、怀疑论者大卫·休谟和让·雅克·卢梭的朋友，他们经常在一起讨论一些社会或者哲学问题。在马尔萨斯的父亲和他的朋友们看来，当前工人失业和贫困问题会随着社会财富的增加逐渐好转，这种乐观主义态度让马尔萨斯觉得荒谬，因为富人虽然越来越富，但是工人的现状并没有得到改善，反而日趋恶化，各种罢工愈演愈烈。于是在 1798 年，马尔萨斯针对 18 世纪末的英国工业革命所造成的社会问题匿名发表了自己的《人口学原理》，这是马尔萨斯对上流社会粉饰太平的一次反驳。因为马尔萨斯的理论与当时盛行的社会富足促成经济进步的乐观思想相抵触，因此一开始就受到了猛烈的批判。

在《人口学原理》中，马尔萨斯做出一个著名的预言：人口增长超越食物供应，会导致人均占有食物的减少。

马尔萨斯以两个假设为前提：

其一，人的性本能几乎无法限制。

其二，食物为人类生存所必须。

人口学原理的基本思想是：如没有限制，人口是呈指数速率（即：2，4，8，16，32，64，128 等）增长，而食物供应呈线性速率（即：1，2，3，4，5，6，7 等）增长。

只有自然原因（事故和衰老），灾难（战争、瘟疫及各类饥荒），道德限制和罪恶（马尔萨斯所指包括杀婴、谋杀、节育和同性恋）能够限制人口的过度增长。

人类历史上的重要学说

马尔萨斯倾向于用道德限制（包括晚婚和禁欲）手段来控制人口增长。然而值得注意的是，马尔萨斯建议只对劳动群众和贫困阶级采取这样的措施。那么根据他的理论，较低的社会阶层对于社会弊病要承担较大的责任。这就从根本上导致了推动立法手段使英国的穷人生存状况更为恶化，但也减缓了贫困人口的增长。

马尔萨斯自己注意到许多人误用他的理论，痛苦地阐明他没有仅仅预测未来的大灾难。他辩解道："周期性灾难持续存在的原因自人类有史以来就已经存在，目前仍然存在，并且将来会继续存在，除非

马尔萨斯

我们的大自然的物理结构发生决定性的变化。"因此，马尔萨斯认为他的《人口学原理》是对人类过去和目前状况的解释以及对未来的预测。

此外，许多人批评马尔萨斯没有认识到人类有能力增加食物供应。关于这个论题，马尔萨斯写道："将人类与其他动物相区别的主要特性是人的生存能力和具有大量增加生存手段的能力。"

马尔萨斯发展出一套需求供应失衡理论，他称之为"过剩"。在当时这被看做荒唐的理论，后来却被有关大萧条的一系列经济理论的先驱——他的崇拜者、经济学家约翰·梅纳德·凯恩斯引入了著作。

以往高出生率被认为有利于经济，因为会提供更多的劳力。然而，马尔萨斯却从一个新的视角看待出生率，并且说服了大多数经济学家：即使高出生率可以增加毛生产量，它更趋于降低人均生产量。马尔萨斯具有广泛的影响力，他的崇拜者包括知名的经济学家大卫·李嘉图等人。

时至今日，马尔萨斯的学说仍然发挥着重要影响。例如，1972年罗马俱乐部发表的报告《增长的极限》和《环球2000》，送达了当时的美国总统。科

幻作家艾萨克·阿西莫夫发表了许多有关人口控制的文章，反映出来自马尔萨斯的观点。

马尔萨斯被视为现代人口学的奠基人。马尔萨斯宣称他的人口学原理不仅对人类，而且对所有物种都是普遍适合的自然法。现在可以证明，没有一种东西会以固定速率呈指数方式增长。

马尔萨斯关于食物供应的算术模型被普遍拒绝，因为在过去的两个世纪里，食物供应与人口增长保持了同步。由于技术进步，大规模的人口增长并未造成马尔萨斯所说的灾难，所以有人称他是失败的诅咒先知。然而，一个广为接受的事实是，人口增长几乎从未呈指数方式，里面的变数太多，绝非一个简单的数学模型所能概括。自马尔萨斯的理论提出以来，人口增长率变得平缓是拜经济繁荣所赐。马尔萨斯生活的时代，英国人口经历了增长率变平之前的增加，而他没有研究亚洲地区的大量人口以及过去几千年出生率平缓的证据。

另外，粮食的增长也不是线性方式。特别是由于社会和农业技术的进步，使粮食增长超过了人口的增长，虽然这样的增长是以沉重的资源负担、大量使用化肥为代价，仍未被证明是可持续的。

马尔萨斯的人口理论无疑是代表资产阶级利益的，它的原本目的是反对社会改良，为资产阶级推卸造成社会灾难的责任。当时，资产阶级还处在上升的阶段，大卫·李嘉图等人也持与马尔萨斯相似的人口观点。

马尔萨斯为人类描绘了一幅阴郁的未来图景：人口增长会达到食物供应的极限，这将引起贫穷和饥荒，由此也会带来无穷的灾难。马尔萨斯的理论在当时是超前的，但是，两百多年前的理论在今天还是超前的，仍有指导作用。计划生育仍是当今中国的基本国策。当想到人类只有一个地球时，马尔萨斯的人口理论是对的，全人类正在遵循这个理论。

因为过于消极，马尔萨斯的人口理论从问世开始就遭到了猛烈的抨击。道德论者批评他的规律的残酷性，认为它不符合人类的永恒正义；生物学家批评它人口按几何级数增长的观点不可靠，认为人类越文明、越发达则增长速度就会越慢。而马尔萨斯将贫困、灾难归之为自然规律，对人类的苦痛持冷漠不关心的态度，多年来更是一直受到人们的指责。理论上，马尔萨斯的人口原理也是根本不能成立的。马克思认为，在世间一切事物中，人是第一个可宝贵的。人是社会生产力中的决定性因素。人首先是生产者，其次才是消费者。而且，

人类能够控制人口增长，做到有计划的生育。至于失业、贫困等是与一定社会制度相联系的现象，主要不决定于人口的多少。另外，马克思还从资本主义生产关系的本质揭示了马尔萨斯观点的荒谬，并进一步阐释出资本主义的人口规律。

但是，不管人们把马尔萨斯的人口原理当成指南还是靶子，它在客观上提醒了人们注意人口与生活资料比例协调，防止、抑制人口的过速增长的作用，从而成为现代人口理论的开端。就经济学来说，马尔萨斯人口理论的一些论点还被古典派用来论证某些理论，如地租理论、工资基金理论以及经济发展理论等。

李嘉图的劳动价值理论

大卫·李嘉图是英国资产阶级古典政治经济学的主要代表之一，也是英国资产阶级古典政治经济学的完成者。李嘉图早期是交易所的证券经纪人，后受亚当·斯密《国民财富的性质和原因的研究》一书的影响，产生了对经济学研究的兴趣，其研究的领域主要包括货币和价格，对税收问题也有一定的研究。

在经济理论研究方面，李嘉图算得上是一位大器晚成的奇才。他27岁时才第一次读到亚当·斯密的《国民财富的性质和原因的研究》，37岁发表他的第一篇经济学论文。在他14年短暂的学术生涯中，为后人留下了大量的著作、文章、笔记、书信、演说。其中，1817年出版的《政治经济学及赋税原理》最具盛名。

李嘉图的著作不像亚当·斯密那样结构严谨，行文没有亚当·斯密那样流畅，词句也不如亚当·斯密那样华美，但《政治经济学及赋税原理》以更为精炼的理论架构，更加贴近现实的语言与例证，全面论述了他所生活的那个年代资本主义生产方式的运行机制，使他成了英国古典政治经济学的集大成者，19世纪初叶最伟大的经济学家。李嘉图在《政治经济学及赋税原理》中辟出专章，集中讨论了国际贸易问题，提出了著名的比较优势贸易理论。

李嘉图以边沁的功利主义为出发点，建立起了以劳动价值论为基础，以分配论为中心的理论体系。他继承了亚当·斯密理论中的科学因素，坚持商品价

值由生产中所耗费的劳动决定的原理，并批评了亚当·斯密价值论中的错误。他提出决定价值的劳动是社会必要劳动，决定商品价值的不仅有活劳动，还有投在生产资料中的劳动。他认为全部价值由劳动产生，并在三个阶级间分配：工资由工人的必要生活资料的价值决定，利润是工资以上的余额，地租是工资和利润以上的余额。由此说明了工资和利润、利润和地租的对立，从而实际上揭示了无产阶级和资产阶级、资产阶级和地主阶级之间的对立。他还论述了货币流通量的规律、对外贸易中的比较成本等学说。但他把资本主义制度看做永恒的，只注意经济范畴的数量关系，在方法论上又有形而上的缺陷，因而不能在价值规律基础上说明资本和劳动的交换、等量资本获等量利润等问题，这两大难题最终导致李嘉图理论体系的解体。他的理论达到了资产阶级界限内的高峰，对后来的经济思想有重大影响。

李嘉图

  李嘉图的价值理论的核心就是下面一句话："商品的价值取决于其生产所必需的相对劳动量。"根据这个理论，他认为，劳动的价值（工资）是一定社会中为维持工人生活并延续其后代通常所必需的生产资料决定的，而利润则决定于工资。在所有这些分析中，我们看不到供给与需求的作用，一切都是某种神秘的因素所决定的。

  不过，聪明的李嘉图早就意识到了这种价值理论的内在矛盾，他自己曾经说过："我不能克服这样的困难：在地窖里贮藏了三四年的酒，或最初在劳动方面花费了也许还不到 2 先令，后来却值 100 镑的橡树。"后来，人们用水与钻石来概括李嘉图等古典经济学家所面临的价值悖论：水对人极端重要，是生命的支柱，但在通常情况下，价格却很低；而钻石是奢侈品，对于人的生存而言没有任何用处，通常情况下价格却很高。为什么？

李嘉图始终没有能够解决这个难题。到了1870年代,边际主义兴起,经济学家才能够解答这一问题。答案很简单:价值只能来自个体消费者的主观评估。你可能花了30年时间研究一种东西,但拿到市场上却没有一个消费者问津,那么,它就没有任何经济价值,不管我就这上面投入了多少劳动。商品和服务的价值是消费者评估的结果,商品和服务的相对价格是由消费者对这些产品的评估和欲望之水平和强度所决定的。

李嘉图的比较优势理论的基础继承自亚当·斯密创立的劳动价值理论,他认为劳动价值理论有两个阶段,一个是原始阶段,一个是现代阶段,在现代阶段下价值规律虽然与原始阶段不同,但这种区别是次要的,原始条件下得出的价值论还是主要的。在分析论述比较优势理论中,李嘉图赋予劳动以重要的地位,他在《政治经济学及赋税原理》一书中开宗明义指出,"一件商品的价值,或者说用以与之交换的任何其他商品的数量,取决于生产此件商品所必需的相对劳动量"。进而,他也像亚当·斯密一样,将价值区分为使用价值和交换价值,指出"有用性不是衡量交换价值的标准",认为"在国际贸易中讨论商品的交换价值时,各方的利益全然系于国际市场上各类商品的交换价值,即相对价格水平。"在李嘉图看来,一国国内各地区、各产业间资本、劳动等各类生产要素的自由流动是利润率均等化的根本原因。但国与国之间的要素流动则势必因各种原因而被强制性地打断,甚至完全不流动。由此,李嘉图断定,正是国际间的这种生产要素的不流动性,决定了"支配一个国家中商品相对价值的法则不能支配两个或更多国家间相互交换的商品的相对价值"。正好比"葡萄牙用多少葡萄酒来交换英国的毛呢,不是由各自生产上所用的劳动量决定的"一样。或者说,各类生产要素在国际间完全不流动,打断了国际间利润率均等化的进程,因而使一国能够比较稳定地保持在某种商品生产上的比较优势地位。

既然诸多原因决定了同一种商品在不同的国家其相对价值各异,那就给各国参与国际贸易获取贸易利益留下了可资利用的空间。然而此处的前提必须是各国都能找准自己同他国比较的有利之处,即确定它们各自的比较优势。

李嘉图也像亚当·斯密一样,采取了由个人经济行为推广至国家经济行为的办法,来分析论证他所说的比较优势以及建立在比较优势基础上的贸易模型。

在李嘉图看来，在商品的交换价值由生产中所耗费的劳动量决定的条件下，每个人都会致力于生产对自己说来劳动成本相对较低的商品。他举例说："如果两个人都生产鞋和帽子，其中一人在两种商品的生产上都比另一个人具有优势，不过在帽子生产上只领先于其竞争对手1/5或20%，而在鞋的生产上却要领先于其竞争对手1/3或33%；那么，这个具有优势的人专门生产鞋，而那个处于劣势的人专门生产帽子，难道不是对于他们双方都有利吗？"

既然国际间生产要素的不流动性打断了各国间利润均等化的进程，既然基于各种原因，每一个国家都可能有"某种具有优势的产品"，而且"这种优势还相当可观"，那么，"各国都更为合理地分配它的劳动资源，生产这种具有优势的产品"，并"将其用于相互交换，各国就都能得到更多的利益"。

同亚当·斯密相反，李嘉图强调的是在相互比较的基础上，两国在两种商品生产上所处优势或劣势程度的差异，以及由此产生的贸易机会和贸易利益。因为葡萄牙在葡萄酒的生产上优势更大，而英国在毛呢生产上劣势较小。就像生产鞋和帽子的两个工匠一样，只要葡萄牙致力于生产葡萄酒，英国致力于生产毛呢，然后进行相互交换，两国就都能获得贸易利益。

由此可见，"两优择其甚，两劣权其轻"，是比较优势理论的基本原则。"正是这样一条原则，决定了葡萄酒应该在法国或葡萄牙生产，玉米应该在美国或波兰生产，而机器和其他商品应该在英国生产"。

李嘉图刚刚开始进入经济学界的时候，英国正在紧锣密鼓地制定限制谷物贸易的《谷物法》。李嘉图鼓吹自由贸易，但《谷物法》最终还是通过了。这促使李嘉图更深入地思考贸易问题，从理论上驳斥贸易限制的荒唐。

李嘉图的国际贸易学说可以被称为比较成本说或比较成本规律。他模仿同亚当·斯密关于个人劳动分工的理论来分析两个国家间贸易的好处。假定制一单位的布，英国需要25个劳动日，葡萄牙需要50个劳动日；制一单位的酒，英国需要200个劳动日，葡萄牙只需要25个。可以看出，葡萄牙制酒、制布所需的成本都比英国绝对低，即都处于绝对优势。不过，葡萄牙在酒的生产中表现出的优势更大，葡萄牙的制酒成本相对低，处于比较优势，制布成本相对高，处于比较劣势。而英国制布成本相对低，处于比较优势。在这种情况下，英国放弃生产成本比较劣势的酒，专门生产成本比较优势的布。如此分工，两国合起来不仅可以生产出更多的酒和布，英国还可以用布换到较多的酒，而葡

人类历史上的重要学说

萄牙用酒可以换到更多的布。两国同时获得国际分工与国际交换的好处。

这种理论为自由贸易提供了坚实的理论基础。李嘉图认为，国际分工与国际交换的利益，只有在政府不干涉对外贸易，实行自由贸易的条件下，才能最有效地实现。"在一个具有充分商业自由的体制下，每个国家把它的资本和劳动置于对自己最有利的用途"。因此，他是坚定的自由贸易论者。

李嘉图形成了一个庞大的经济学理论体系，在亚当·斯密奠基的基础上正式建立起了古典经济学的大厦。虽然他的劳动价值论在新古典兴起之后已经没有多大价值了，但他的比较优势理论对于自由贸易的贡献却是不朽的。

凯里的经济学说

19世纪30年代以后，随着资本主义经济的发展，美国国内北方资产阶级与南方奴隶制农场主阶级之间的矛盾日益突出，无产阶级与资产阶级也开始摩擦不断，在这种条件下产生的美国资产阶级政治经济学开始走向庸俗化。凯里经济学说的出现犹如美国资本主义经济发展史上的指路航灯。它迅速地扫除了资本主义发展道路上的障碍，阻止了无产阶级的反抗运动，使美国资本主义经济得以顺利发展。美国南北战争之后，闻名美洲各国的经济学家凯里提出一系列的经济学说，成为了美国学派思想的创始人。他的经济学说的思想，也被美洲各国的经济学家视为经济学经典中的"圣经"。

凯里的经济学说主要体现在他的几部学术著作中，其中最主要的是《社会科学原理》《政治经济学原理》。凯里经济学中最基本的一个基调就是，努力进行阶级调和和利益调和，所以，在他的论述中我们时时可以看到"调和"、"平均"等词语。凯里反对李嘉图的劳动价值论，他认为这种理论只是为了挑起各阶层之间和民族之间的争斗。当时，在美国比较流行的经济学说是李嘉图的经济理论。李嘉图的经济学说偏向于维护无产阶级的利益，他的理论处处都揭示出资本主义社会的本质，突出强调社会各阶级之间的经济利益的冲突。当时的空想社会主义者们就是利用李嘉图的经济理论来支持自己的学说，反对资本主义制度。

面对这种情况，凯里便对李嘉图的学说做了一系列的批判。例如，他认为李嘉图其实就是无产阶级的代言人，李嘉图的学说的盛行只会给这个社会带来冲突、战争和流血。"李嘉图先生的体系是一个制造纷争的体系……整个体系具有挑动阶级之间和民族之间的仇恨的倾向。"凯里甚至还称李嘉图为"共产主义之父"。

由此，我们可以看出，凯里的阶级倾向是极为明显的，他的经济学说中所主张的解决调和与利益调和，其实也是在保障资本主义制度的前提下进行的。凯里重视价值，他认为，所谓价值就是再生产费用。凯里的价值论是其阶级利益和谐论的理论基础，他认为价值才是人们对自然的支配尺度。这种理论观念被后世经济学家们称做是价值论即生产费用论。用凯里自己的语言来说就是："一切价值是可以交换的。劳动是价值的唯一原因。在生产的时候，商品的价值由其所需劳动的数量和质量来测度。劳动的质量每有改进，生产一定量商品所需的劳动的数量就会随之减少。现存资本的价值不能超过其再生产所需劳动的数量和质量，同时，随着劳动质量的每次改进，用以交换的劳动的数量将日趋减少。"这就是说，资本家要想获得更多的利润，最有用的方法就是减少生产投资，主要是减少工人的工资和资本家表面的利润。乍一看，好像是资本家和工人为了经济的发展都做了牺牲，实际上，从整体来看，最终受益者还是那些大资本家。

凯里认为，劳动一旦得到资本的帮助，将会产生更高的生产率。增加的生产率又会改进劳动者劳动的质量。劳动质量改进了，工人生产的商品数量就会不断增加。此时，无论是工人的工资，还是资本家的资本，都会得到相应的增加，此时便是皆大欢喜，阶级矛盾也会得到一定程度的缓和，从而使得整个资本主义生产方式顺利而安全地运转下去。我们不得不承认，凯里的经济思想在某种程度上体现着一个知识分子的天真情结。他认为，只要工人和资本家的利益是不断靠近的，那么，随着整个社会中人口和资本的增加，政府所得和资本家的人数会不断减少，而整个社会的工人数量会不断增加，按照这个规律运转下去，这个社会将是一个平等的社会。他甚至忍不住大力赞扬自己发现的这个规律，他说："支配劳动产品分配的伟大规律，就是如此。在科学所发现的一切规律中，它可能是最美妙的，因为它正是使人类各个不同阶级之间的现实的和真正的利益达到充分和谐的基础。"

凯里认为，这个美妙的规律不但适合美国，就是在世界范围内也是适合

的。如果每个国家都运用这个经济规律的话，那么，一切国家的利益就都是彼此调和的了。除了利益调和论，凯里的经济学说中另一个重要的主张就是保护关税政策。凯里主张国家政权干预经济，施行对关税的保护以防止英国竞争，积极发展本国工业。因此，他极力反对和批判英国的自由贸易原则。他认为，英国之所以主张施行自由贸易，是因为英国想让整个世界都变成自己的工业工场，而其他资本主义经济相对落后的国家，就会被迫沦为初级制造业和农业工场，从而成为英国一个国家的原料供应基地。

所以，凯里主张施行国家保护关税的政策。因为在国家这个强有力的保护伞之下，美国国内的市场经济就会得到迅速的发展。而且通过共同发展本民族的经济，也会促进生产者和消费者之间的团结和联合。

凯里的经济学主张，包含着关于促进美国资本主义经济发展并尽快赶上英法等国的思想，他强调发展资本主义生产，繁荣民族经济的思想。在一定程度上缓和了当时美国国内的各种阶级矛盾。南北战争之后，凯里的一些学说仍然得到应用，特别是保护关税的政策，对于加速战后美国经济的发展，起到了极其重要的作用。凯里被后世的经济学家们称为"美国学派的创始人"，或者是"美国的第一个经济学家"，这其实并不为过。

西斯蒙第的经济危机学说

西斯蒙第是法国古典政治经济学的完成者。伟大革命导师马克思曾经指出："古典政治经济学在英国从威廉·配第开始，到李嘉图结束；在法国从布阿吉尔贝尔开始，到西斯蒙第结束。"西斯蒙第的经济危机理论站在小资产阶级的立场上最大限度地反对了资本主义制度，揭露和抨击了其矛盾，对人民的穷困寄予了无限的同情，以其积极的见解为政治经济学中的小资产阶级流派奠定了基础。

西斯蒙第在政治经济学领域中以独到的见解，和李嘉图、马尔萨斯、萨伊同为英、法两国最有影响的经济学家。法国在19世纪上半期资本主义已迅速发展起来，但法国并没有经历英国那样典型的资本原始积累过程，自耕农并没有被消灭。法国革命后，独立的手工业者和自耕农在法国居民中仍占多数。资本主义的发展，使商品生产占统治地位，资本家有组织有计划地进行大规模生产，导致商品价值过剩，这个时候广大的小生产者因为盲目的无组织状态，根本无法与大规模的资本家生产者相抗衡，如何保住自己的地位便成了小生产者们的愿望。西斯蒙第的经济理论反映了19世纪上半期小生产者的这种愿望和要求。西斯蒙第作为小生产者的代表，并没有拒绝接受与商品生产有关的一些经济范畴，但他清楚地看到资本主义的缺点和矛盾，提出了同英国古典政治经济学迥然不同的结论，否定了他们宣扬的资本主义的进步性和永恒性。马克思指出：李嘉图的政治经济学无情地作出了自己的最后结论并以此结束，西斯蒙第则表现了政治经济学对自身的怀疑，而对这个结束作了补充。

西斯蒙第

西斯蒙第认为，资本主义经济不以人的享受而以财富作为经济活动的目的，其结果是英国积累了大量财富，而大多数人却过着贫困的生活。造成这一切的原因是英国古典政治经济学错误地以财富作为政治经济学的研究对象，完全无视了人。他强调，政治经济学是以增进人类幸福为目的的一门科学。他说："从政府的事业来看，人们的物质福利是政治经济学的研究对象。"

西斯蒙第是第一个和经济自由主义传统决裂的经济学家。他认为，经济自由主义给社会带来了灾难，私人利益的自由发展经常损害公共利益。他要求依靠国家政策来调节社会经济生活，以代替经济自由主义。

西斯蒙第对资本主义的分配制度作了批判。他比英国古典经济学前进了一步，确认企业家所得的报酬通常来自对工人的掠夺。他认为资本主义掠夺和自由竞争造成了社会阶级分化，富者愈富，贫者愈贫。他是提出资本主义发展过程中社会两极分化和无产阶级形成的第一个人。但西斯蒙第并没有真正认识资本主义剥削的根源和本质，他只是从分配角度来说明资本主义剥削。

人类历史上的重要学说

在西蒙斯第提出经济危机的概念之前，萨伊、李嘉图等人，从"商品购买商品"这一错误公式出发，否定经济危机。西斯蒙第则阐述的资本主义条件下经济危机的必然性，为资本主义过快发展，资本家过度追求剩余价值和商品利润敲响警钟。但西蒙斯第并不了解产生经济危机的真正原因，而把它归结为消费不足。西斯蒙第强调生产应服从于消费，消费是生产的动力和目的。他认为，在资本主义社会，生产无限扩大，但由于不合理的分配制度，使劳动生产者收入不足，从而使国内市场日益缩小，产品销售受到阻碍，导致生产过剩的经济危机的必然爆发。西斯蒙第还认为，今年的产品是以去年的收入支付的，在生产不断扩大的情况下，今年的产品总是超过去年的收入。生产和收入失调所表现的消费不足更为严重，经济危机更是不可避免。之所以会有这样的片面认识，是因为西斯蒙第不了解产生经济危机的根本原因在于资本主义的基本矛盾，错误地认为是由于消费不足而产生的生产和消费之间的矛盾，使经济危机成为不可避免。

西斯蒙第试图建立符合于小生产者利益的社会以代替资本主义社会，他把宗法式的农民经济和城市手工业理想化，并把它和资本主义经济对立起来。但他并不想完全回到中世纪状态中去，他要求用宗法和行会原则来组织社会经济，以节制资本主义社会经济。他希望把城乡中的资本主义企业都分散成为数众多的小农场和小作坊。为了实现他的理想，西斯蒙第求助于法律。他要求法律在资本家和工人之间实行"完全合理的裁判"，要求法律促进遗产的分散，保证工人能够分享利润。西斯蒙第认为，这样一来私人利益就有一个正确的发展方向，由私人利益而给社会带来的不幸就可以得到弥补。

西斯蒙第的贡献在于，他确认了资本主义经济制度下经济危机存在的现实性和不可避免性，以其对资本主义制度的怀疑结束了古典经济学。同时他把一切矛盾都归结为消费和生产的矛盾，而消费不足是产生资本主义经济危机的原因。我们可以发现，西斯蒙第看到了生产与消费的合作的关系，特别是消费对于生产的制约作用，这是对的。在任何社会，消费都对生产产生一定的制约作用，他的理论已经涉及简单再生产和扩大再生产和条件，特别涉及经济各部门的按比例发展，并且注意到了资本主义商品生产条件下，生产与消费不直接发生联系。

亚当·斯密的经济学说

亚当·斯密的《国富论》写得精到、清楚，使他闻名遐迩。他一再反对主张垄断国内外贸易的重商主义，主张自由开放，反对政府干涉主张降低关税。这种主张影响了 19 世纪的国际政策，甚至至今我们还可以感受到它的作用。

《国富论》一书是亚当·斯密最具影响力的著作，这本书对于经济学领域的创立有极大贡献，使经济学成为一门独立的学科，并且成为第一本试图阐述欧洲产业增长和商业发展历史的著作，也成为开展现代经济学科的先驱。它也提供了资本主义和自由贸易最为重要的论述基础之一，极大地影响了后代的经济学家。

亚当·斯密

《国富论》一书的原始版本则存在一些争议，一些人主张书中的内容曾被修改得较为温和，以符合当时某些思想家如休谟和孟德斯鸠的既定理论。的确，亚当·斯密的许多理论都只简单地描述历史的走向将会远离重商主义并朝向自由贸易，而当时这种走向早已发展了数十年，并且已对政府政策有极大影响。无论如何，亚当·斯密的作品广泛地组织了他们的理论，因此至今仍是经济学界最为重要且最具影响力的书籍之一，其主要内容有下面几部分：

一、分工理论

亚当·斯密在《国富论》中第一次提出了劳动分工的观点，他系统地阐述了劳动分工对提高劳动生产率和增进国民财富的巨大作用。他认为，分工的

起源是由于人的才能具有自然差异，那是起因于人类独有的交换与易货倾向，交换及易货系属私利行为，其利益决定于分工，假定个人乐于专业化及提高生产力，经由剩余产品之交换行为，促使个人增加财富，此等过程将扩大社会生产，促进社会繁荣，并达私利与公益之调和。

他列举制针业来说明。"如果他们各自独立工作，不专习一种特殊业务，那么他们不论是谁，绝对不能一天制造二十枚针，说不定一天连一枚也制造不出来。他们不但不能制出今日由适当分工合作而制成的数量的二百四十分之一，就连这数量的四千八百分之一，恐怕也制造不出来。"

分工促进劳动生产力的原因有三：第一，劳动者的技巧因专业而进步；第二，由一种工作转到另一种工作，通常需损失不少时间，有了分工，就可以免除这种损失；第三，许多简化劳动和缩减劳动的机械发明，只有在分工的基础上方才可能。

二、货币理论

亚当·斯密的货币理论和他的其他经济理论一样，是以分工理论为出发点的，他认为分工是由交换引起的，在分工确立后，人人都产生了交换的必须，但物物交换会产生很多麻烦，为了避免这些麻烦，人们就想出一种可以代替所有物品的替代品，这就是货币。货币的首要功能是流通手段，持有人持有货币是为了购买其他物品。当物物交换发展到以货币为媒介的交换后，商品的价值就用货币来衡量。这时，便产生了货币的另一功能——价值尺度。亚当·斯密也谈到货币的储藏功能、支付功能。但是，他特别强调货币的流通功能。

三、价值论

提及价值问题，亚当·斯密指出，价值涵盖使用价值与交换价值，前者表示特定财货之效用，后者表示拥有此一财货取另一财货的购买力。进一步指出，具有最大使用价值之财货，往往不具交换价值。亚当·斯密这样说："价值这个词有两种不同的含义：有时表示某种特定物品的效用，有时则表示占有该物品的效用。具有最大的使用价值的东西常常很少有或根本没有交换价值；反之最大的交换价值的东西常常很少有或根本没有使用价值。没有什么东西比水更有用，但不能用它购买任何东西，也不会拿任何东西去和它交换；反之，钻石没有什么用途，但常常能用它购买到大量的其他物品。"这就是著名的水与钻石价值案例。

四、分配理论

亚当·斯密的分配论，即劳动工资、资本利润及土地地租自然率决定之理论。

亚当·斯密指出，尽管雇主拥有压低工资的力量，工资仍有其最低水平，此一最低水平是劳动者必须能够维持基本生活，假定社会工人需求增加或工资基金提高，工资将高于最低水平。就另一角度言之，一国国富、资本或所得增加，将促使工资上涨，工资上涨则促进人口增加。

资本利润之高低如同劳动工资，决定于社会财富之增减，资本增加固可促使工资上涨，却使利润为之下降。亚当·斯密指出，假定商人投资同一事业，因为彼此相互竞争，自然致使利润率降低。

地租指对土地使用所支付的价格。亚当·斯密认为，地租高低与土地肥沃程度及市场远近有关。

五、资本积累理论

资本累积是大量进行分工必备的另一要素。分工的扩张与生产效率的提高跟资本的总额成正比。资本的累积必须在分工之前进行，因为分工需要使用许多特殊的设备与机械料，都需要以资本来换取。分工愈细，工具的需要愈多，资本愈显得重要。透过分工过程，可增加劳动生产量，提高国民所得，增强国民储蓄意愿与能力。亚当·斯密认为：人在经济活动中追求个人利益，正因为每个人都有利己主义，所以每个人的利己主义又必然被其他人的利己主义利用。通过明确的分工，人与人之间的合作关系会得到加强，这就迫使每个人先做好自己的工作，才能够形成对大家都有利的利益链条，由此产生的社会利益才可能达到最大化，国民所得和储备意愿也会随之增高。

六、赋税理论

亚当·斯密提出四大赋税原则，即公平、确定、便利、经济。

人类历史上的重要学说

公平：一国国民应尽可能按其能力以支持政府，亦即国民应按其在政府保护下所享有的利的比例纳税。

确定：各国民应当缴纳的税捐，须确定并不得随意变更，缴纳时期、缴纳方法、应付税额，都应对纳税人清楚宣示。

便利：一切税捐，都应在最适合于纳税人的时间与方法收之。

经济：每一税捐都应善加设计，务使公民缴付国库以外，在他的财力上受到最少可能的波动。

历史上一般都认为，亚当·斯密是著名的经济学家，他奠定了自由市场经济学的基础，其经济学理论对现代西方国家经济有着深远影响，其著作《国富论》被视为经济学界的经典，西方国家市场理论本是以其经济模式建立起来的。

不管亚当·斯密的观点正确与否，也不设想他的权威和影响会给日后的经济理论带来什么结果，对于亚当·斯密来说，重要的问题是他影响了许多国家的计划和政策。亚当·斯密和他同时代的人们都相信商谈也是经济生活的一部分，今天，当人们在互联网上进行物物交换时，定价的时代已经被发展到了一个新的时期，从而更加证明了亚当·斯密的历史性影响。

克拉克的经济学说

约翰·贝茨·克拉克是19世纪末20世纪初美国最著名的经济学家，边际主义在美国的主要代表人物。他的杰出代表作《财富的分配》，奠定了美国资产阶级经济学说的理论基石。随着资本主义的迅猛发展，无产阶级和资产阶级的矛盾日益尖锐化，而且马克思主义到处传播，四处流行，而资本主义旧的经济学说却如笼中困兽，大势已去。美国资产阶级迫切渴望新的有力学说的出现，以支持自己的立场，维护自己的利益。而克拉克的经济理论是在美国传统的阶级调和论和边际主义基础上提出的。

边际主义学派是以边际效用价值论为理论基础的经济学学派，主要盛行于19世纪70年代到20世纪初。其奠基者是三位几乎同时独立提出主观价值论的经济学家：英国的杰文斯、奥地利的门格尔和法国的瓦尔拉斯。

边际主义学派的理论基础是边际效用价值论。根据这个理论，商品的价值是一种表示人对物品的感觉和评价的主观心理，主要关注于物品给人带来的满足程度。例如有一辆车可以方便出行，假如它要维修或作为备用车，第二辆车也相当有用，但不如第一辆车有用，第三辆车就更不如前两辆车了，给定了汽车的价格，没有人相信会有人去购买第三辆车，因为第三辆车的收益可能低于价格。物品要有价值，首先要能够给人带来效用，否则没有人会需要；同时也必须要有一定稀缺性，否则就没有必要用其他物品来进行交换。而价值的尺度则是边际效用，即使是不能直接带来效用的生产资料，其价值也由其参与生产的相应最终消费产品的边际效用来决定。而价格则是买卖双方对物品的效用进行主观评价、彼此竞争和均衡的结果。因此，各种商品的价格之比就应该等于它们的边际效用之比。

美国边际主义的兴起晚于欧洲，其思潮部分从英国和奥地利引进，部分则是自发形成的。在其自发形成的过程中，克拉克起了非常重要的作用，甚至可以说是"开山之祖"也不为过。克拉克认为，产品的分配归根到底还是要取决于产品的价值和价格，因此他的价值理论实质上是和他的分配理论合二为一的。

克拉克发现边际效用价值论是一个循序渐进的过程。《财富的新哲学》是克拉克的第一篇经济学论文，那时候克拉克还没显示出任何作为美国边际主义学派先驱者的迹象，因为他通篇论文讲述的都是效用，论文在分析价值时，他离开劳动价值论而偏向效用价值论，这是克拉克在效用理论方面作出的一个开端。但是由于效用本身是人们的主观感觉，因此在进行效用分析时，如果没有边际的概念，效用就无法被赋予意义，只是克拉克此时还没有意识到。1887年，克拉克又发表了一篇涉及效用思想的论文，文中指出政治经济学中的一些弊端，详细讨论了需求问题，很多方面涉及效用思想。在解释如何满足需求时，他几乎已经发现了边际效用的递减规律。

他说，较低的需求可以全部被满足，而较高的需求则可以无限扩展。这样，需求在这两个极端和含糊不清的场合都不会随着消费的增加而显著下降，但在这两个极端之间，需求强度会随着消费物品的数量增加而减低。这就是克拉克接近于边际效用递减思想的第一个表述："这种中间类型的需求可以无限扩展，但其强度会随着所供给物品的增加而减低，甚至趋向厌烦。

首先满足的是比第二个物品的欲望强度更强的物品，对第二个物品的欲望强度比对第三个的更强，依次类推。每一次都能获得一些满足，但却是在递减的程度上。"

在这两篇文章中，克拉克一直让效用或需求占据着舞台的中心，在他的行文中看不出他对边际效用论的早期作者——特别是杰文斯、门格尔和瓦尔拉斯——有任何直接或者间接的了解。

几年后，克拉克又论及了效用问题，在这期间他一直在对社会主义、共产主义和商业伦理这些课题进行研究。在1881年7月的《新英格兰人》上，他发表了一篇名为《价值的哲学》的文章，在文中要求人们承认他是边际效用的早期独立发现者。他在文中说道："如此大量文献……〔读者〕尽可耐心阅读，而他对价值为何物仍不得而知。"在文章结尾，他说："想要从经济文献寻找令人满意的关于价值的普通公式，那是枉费心机。"

在这篇论文中，克拉克试图把社会和价值问题联系起来，在同时代的关于效用的著作中，这是非常特别的。从此他开始研究效用和价值的关系。从亚当·斯密关于钻石和水的悖论开始，他指出问题的答案在于边际效用思想。之所以会有这样的突破，是因为他在德国生活的时候德国的不同于美国社会经济现状给予他启发。

"现在我们必须做出一种区分，就我所知，这种区分过去从未应用于政治经济学，但是我希望指明，对于在这个科学领域的明确论证来说，某种区分是绝对需要的。""这种估价方式给出的东西可以称为绝对效用，就空气而言，它无限大；这种估价方式给出的另一种东西可称为有效效用，在空气的场合，它并不存在。有效效用是改变我们主观条件的能力（在实际环境之内），它在心理上是用某种假设我们占有并预计要被毁灭的某种东西或是我们还没有得到的某种东西来衡量的。""这不就是政治经济学应当加以研究的效用吗？而人们一直在研究的却是绝对效用。对不同性质的东西不加区分，对任何哲学来说难道不是毁灭性的吗？"在这里，克拉克最大的贡献在于他特别强调了区分边际效用和总效用，这也正是他被人们认为是边际效用的独立发现者的原因。

更为重要的是，克拉克不仅发现边际效用，而且还认识到了边际效用的重要意义。他从空气的边际效用开始，这个例子虽然简单，但因为空气有总效

用，但是却没有边际效用，所以总效用和边际效用马上就被区分开了。然后，他就着手研究在更复杂的情况下边际效用的衡量问题，也就是饮水的例子。饮水不同于空气，具有一定的边际效用。拿走一杯水，那个人的效用就会减少，可能是因为没有水喝，也可能是因为没有一杯好喝的水。

由此，克拉克进一步扩展，把上述论证应用到市场上可以买到的所有物品。在这里，他并不是直接衡量边际效用。他举例说："拿走一件上衣减少了所有者的享乐，这不是由于他有这件上衣或是没有这件上衣所带来的，而是由于他有这件上衣时所带来的享乐量，同由于替代它（替代品可能完全有用，也可能不完全有用）所必然受到的损失之间的差别造成的。"

在克拉克看来，一个单位的商品所具有的效用是多方面的，例如，水不仅仅能喝，还能够用来洗东西、游泳、灌溉等，因此，确定价值的基本单位就不再是商品这样一个一组效用的组合，而是商品在某一个方面的用途，换言之，价值的基本单位在克拉克这里从商品变成了商品所具有的某个属性，而商品的价值则自然就是其在多方面用途上的边际效用的总和。这是一种相当实用主义的观念，也是只有在商品经济发展到了一定程度，人们认识到商品用途的多样化以后才可能产生。克拉克的做法比坚持直接衡量边际效用的做法要好，他没有图方便而引进早期经济学家提出的"损失法"，不过，与此同时，考虑到替代品的不完善性，我们只能这样来理解他的思想，即任何物品的边际效用应以个人货币收入的边际效用来衡量，因为货币的边际效用必定取决于物品的边际效用，而不是相反。

克拉克还认为，产品的价值是由社会来决定的，因此财富的分配情况自然也会影响商品的价值，商品的价值和价格是没有区别的。克拉克认为价值并不是自然的或者先定的，而是可以随着市场上买卖双方情况的变化而在不断变化的，而由于他认为价格和价值是一致的，我们又无法直接去观察或者测量到价值，那么只能将商品的价格作为价值，这样的结果就是，在克拉克看来，商品的价格总是合乎价值的，并不会存在价格高于价值或者低于价值的情况。这其实也就是近代资本主义通过市场竞争来确定价值的方法。

1886年，克拉克的第一部著作《财富的哲学——新经济学原理》出版了。他把1877年的论文没作什么实质性修改就放入书中作为一章。此外，他于1877年发表在《新英格兰人》上的两篇文章反映了他早期对价值和效用的部

分看法，在对文章作了较多的改动和调整后也收进了书中。虽然很多人都评论该书中的很多内容和杰文斯的观点非常相似，但克拉克坚决否认这种说法，他甚至在书的再版前言中用了大半篇幅，来否认他对杰文斯有任何借鉴，坚持他思想的独立性。

克拉克说："我同意一个善意评论所提出的看法，即本书第五章提出的价值理论同杰文斯教授的理论有一定关系。但我的理论是在很久以前独立地得出的，我的理论在以下两方面同杰文斯教授的理论相一致：即在效用和交换价值之间建立一种更紧密联系的一般要素上，以及把效用作为心理测定的对象上。在更特殊的各点上，我的理论同他的理论类似，但并不完全一致。所有这些都未加改动地予以发表。该理论（我仍坚信那是我自己的理论）的特征在于：价值在其各种形式上同效用尺度相一致；绝对效用与有效效用的区分；分析了社会作为一个有机整体在市场估价过程中所起的作用。"

同美国以往的经济学家相比，像富兰克林、汉密尔顿、凯里等人，他们都致力于对实际问题的解决。克拉克却创建了一套经济理论来为资本主义辩护，开辟了一个经济学的新时代，从而产生了广泛影响。卡拉克的一些理论原理和方法，至今还保留在西方国家的经济学中。以往的边际效用分析被运用于价值论范畴，在分配领域遭到冷遇，克拉克则把边际分析方法加以引申和发展，贯彻运用到分配领域，并由此极力鼓吹阶级间的调和。这些都使克拉克在美国经济理论界占据了一个特殊重要的地位，为众多西方经济学家所赞赏。

凯恩斯的经济学说

凯恩斯可谓经济学界最具影响的人物之一。他的经济学说是在自由资本主义逐步过渡到垄断资本主义，特别是向国家垄断资本主义过渡这一历史过程中形成的，是20世纪30年代西方资本主义经济危机的必然产物。

1929～1933年的资本主义世界性经济大危机，是凯恩斯经济学说产生的直接历史背景。这次大危机给资本主义以极为沉重的打击。这次大危机持续时间长、危害程度深，渗透各个领域，波及除苏联以外的全世界，是一场影响深

远的财政、信贷、外贷工业和农业的全面危机。长期以来，资本主义世界的经济迅速发展中忽视了经济失调的问题，政府没有采取相应措施进行调整，终于导致潜在的经济问题与自由放任的政策恶果共同爆发，为了摆脱这一困境，美国、德国、日本、瑞典等国采取了一系列国家干预经济生活的措施。政府对经济的干预和调节，标志着国家垄断资本主义的诞生。但作为应急措施，国家垄断资本主义更需要得到一定的理论支撑与指导。在这些多重历史契机的召唤下，凯恩斯经济学说应运而生了。

凯恩斯一生对经济学做出了极大的贡献，一度被誉为资本主义的"救星"、"战后繁荣之父"。凯恩斯认同借助于市场供求力量自动地达到充分就业的状态就能维持资本主义的观点，因此他一直致力于研究货币理论。他发表于1936年的主要作品《就业、利息和货币通论》引起了经济学的革命。这部作品对人们对经济学和政权在社会生活中作用的看法产生了深远的影响。凯恩斯发展了关于生产和就业水平的一般理论。其具有革命性的理论主要是：关于存在非自愿失业条件下的均衡，在有效需求处于一定水平上的时候，失业是可能的。与古典经济学派相反，他认为单纯的价格机制无法解决失业问题。引入不稳定和预期性，建立了流动性偏好倾向基础上的货币理论，投资边际效应概念的引入推翻了萨伊定律和存款与投资之间的因果关系。

凯恩斯主义的理论体系是以解决就业问题为中心，针对就业问题，凯恩斯提出了充分就业的概念，就是在一个具体工资水平上，从有事做，要想达到充分就业，就要求一种达到充分就业的国民收入水平。而就业理论的逻辑起点是有效需求原理。其基本观点是：社会的就业量取决于有效需求，所谓有效需求，是指商品的总供给价格和总需求价格达到均衡时的总需求。当总需求价格大于总供给价格时，社会对商品的需求超过商品的供给，资本家就会增雇工人，扩大生产；反之，总需求价格小于总供给价格时，就会出现供过于求的状况，资本家或者被迫降价出售商品，或让一部分商品滞销，因无法实现其最低利润而裁减雇员，收缩生产。因此，就业量取决于总供给与总需求的均衡点，由于在短期内，生产成本和正常利润波动不大，因而资本家愿意供给的产量不会有很大变动，总供给基本是稳定的。这样，就业量实际上取决于总需求，这个与总供给相均衡的总需求就是有效需求。

凯恩斯进一步认为，由消费需求和投资需求构成的有效需求，其大小主要

取决于消费倾向、资本边际效率、流动偏好三大基本心理因素以及货币数量。消费倾向是指消费在收入中所占的比例，它决定消费需求。一般来说，随着收入的增加，消费的增加往往赶不上收入的增加，呈现出边际消费倾向递减的规律，于是引起消费需求不足。投资需求是由资本边际效率和利息率这两个因素的对比关系所决定。资本边际效率，是指增加一笔投资所预期可得到的利润率，它会随着投资的增加而降低，从长期看，呈现资本边际效率递减的规律，从而减少投资的诱惑力。由于人们投资与否的前提条件是资本边际效率大于利率（此时才有利可图），当资本边际效率递减时，若利率能同比下降，才能保证投资不减，因此，利率就成为决定投资需求的关键因素。凯恩斯认为，利息率取决于流动偏好和货币数量，流动偏好是指人们愿意用货币形式保持自己的收入或财富这样一种心理因素，它决定了货币需求。在一定的货币供应量下，人们对货币的流动偏好越强，利息率就越高，而高利率将阻碍投资。这样在资本边际效率递减和存在流动偏好两个因素的作用下，使得投资需求不足。消费需求不足和投资需求不足将产生大量的失业，形成生产过剩的经济危机。因此解决失业和复兴经济的最好办法是政府干预经济，采取赤字财政政策和膨胀性的货币政策来扩大政府开支，降低利率，从而刺激消费，增加投资，以提高有效需求，实现充分就业。

　　总之，凯恩斯认为，由于存在三大基本心理规律，从而既引起消费需求不足，又引起投资需求不足，使得总需求小于总供给，形成有效需求不足，导致了生产过剩的经济危机和失业，这是无法通过市场价格机制调节的。他进一步否定了通过利率的自动调节必然使储蓄全部转化为投资的理论，认为利率并不是取决于储蓄与投资，而是取决于流动偏好（货币的需求）和货币数量（货币的供给），储蓄与投资只能通过总收入的变化来达到平衡。不仅如此，他还否定了传统经济学认为可以保证充分就业的工资理论，认为传统理论忽视了实际工资与货币工资的区别，货币工资具有刚性，仅靠伸缩性的工资政策是不可能维持充分就业的。他承认资本主义社会除了自愿失业和摩擦性失业外，还存在着非自愿失业，原因就是有效需求不足，所以资本主义经济经常出现小于充分就业状态下的均衡。这样，凯恩斯在背叛传统经济理论的同时，开创了总量分析的宏观经济学。

　　因此，在凯恩斯经济理论中，金融理论占有十分重要的位置。甚至可以

说，凯恩斯的经济理论是建立在他的货币金融理论基础上。

凯恩斯主张的货币政策主要通过增加货币供给量以降低利息率刺激投资。但利息率的降低有一个最低限度，达到这个限度后，无论货币供给量如何增加，利息率也不会下降了。他特别强调：利率的高低受货币供应数量的支配。可见，这一政策的作用还是有限的。凯恩斯更提倡财政政策，一方面国家应重点投资于公共工程，另一方面应实行赤字财政。具体地说，国家可采用相机抉择法或使用内在稳定器的方法来干预经济生活。在聚集有效需求不足的情况下，他主张扩大政府开支，增加货币供应，实行赤字预算来刺激国民经济活动，增加国民收入，实现充分就业。

凯恩斯全面地论述了其经济理论和政策主张，认为萨伊定律并不成立，供给不能自动创造需求，资本主义经济也不能自动地达到均衡。因为，在边际消费倾向一般比较稳定的情况下，人们总是把所增加收入的大部分用于储蓄而不是消费，这使得有效需求经常地表现为不足，社会总供给和社会总需求难以自动实现均衡。所以，为了解决有效需求不足的问题，凯恩斯主张放弃经济自由主义，代之以国家干预的方针和政策。国家干预的最直接的表现，就是实现赤字财政政策，增加政府支出，以公共投资的增量来弥补私人投资的不足。增加公共投资和公共消费支出，实现扩张性的财政政策，这是国家干预经济的有效方法。由此而产生的财政赤字不仅无害，而且有助于把经济运行中的"漏出"或"呆滞"的财富重新用于生产和消费，从而可以实现供求关系的平衡，促进经济增长。

凯恩斯最后得出结论：资本主义市场中不存在一个能把私人利益转化为社会利益的看不见的手，资本主义危机和失业不可能消除，只有依靠看得见的手即政府对经济的全面干预，资本主义国家才能摆脱经济萧条和失业问题。为此，凯恩斯主张政府通过收入分配政策刺激有效需求来达到充分就业。为刺激社会投资需求的增加，他主张政府采取扩大公共工程等方面的开支，增加货币供应量，实行赤字预算来刺激国民经济活动，以增加国民收入，实现充分就业。

凯恩斯经济学说产生后，很快风靡西方各资本主义国家的经济学界，成为了居主流地位的一大经济学思想。第二次世界大战之后，很多资本主义国家政府甚至把它放到了国策地位上长期加以奉行，仿佛成了一只挥舞在西方经济领

域内无所不能的魔棒。

凯恩斯经济学说的出现，以自身宏观的视点、开阔的视野、有效的理论迅速取代了传统的新古典经济学，成为西方经济学的新正统。它拯救了一个时代，也创造了一个时代。它为实行国家垄断资本主义提供了理论基础，造就了资本主义的新的经济运行机制。当传统的奉行自由竞争、自由放任为基本原则的经济机制与社会经济的发展脱节的时候，正是凯恩斯的经济学说创造了新的经济机制，制止了资本主义经济的恶化，促进了资本主义经济转入了健康的发展轨道。至今，凯恩斯经济学说中的很多经济思想和分析方法仍被西方经济学家广泛采用。凯恩斯的经济学说成为现代经济学的开端。许多经济学家对他的思想进行了不同的解释、吸收、发展，这就形成了不同的凯恩斯主义流派。

门格尔的边际效用学说

19世纪末期和20世纪初期，边际主义发展成为西方经济学的主流，并对后来的经济学的发展有深刻的影响；而在这漫长的历史中，边际效用学派于19世纪70年代到80年代末的兴起，在西方经济学大舞台上，德奥英法等国家的边际效用学派纷纷登场，其中以门格尔为代表的奥地利边际学派，以革命生力军的主流姿态威震西方经济论坛。当时其学说广泛流行于欧美各主要资本主义国家，至今仍是现代资产阶级经济学说的基础理论之一。

边际效用指在一定时间内消费者增加一个单位商品或服务所带来的新增效用，也就是总效用的增量。在经济学中，效用是指商品满足人的欲望的能力，或者说，效用是指消费者在消费商品时所感受到的满足程度。

根据边际效用价值论，价值是一种主观心理现象，起源于效用，又以物品稀缺性为条件。人对物品的欲望会随欲望的不断满足而递减。如果物品数量无限，欲望可以得到完全的满足，欲望强度就会递减到零。但数量无限的物品只限于空气、阳光等少数几种，其他绝大部分物品的数量是有限的。在供给有限的条件下，人们不得不在欲望达到饱和以前某一点放弃他的满足。为取得最大限度满足，应把数量有限的物品在各种欲望间作适当分配，使各

种欲望被满足的程度相等,这样,各种欲望都要在达到完全满足之前某一点停止下来。这个停止点上的欲望必然是一系列递减的欲望中最后被满足的最不重要的欲望,处于被满足与不被满足的边沿上,这就是边际欲望;物品满足边际欲望的能力就是物品的边际效用。由于这个边际效用最能显示物品价值量的变动,即随物品数量增减而发生相反方向的价值变动,所以,边际效用可以作为价值尺度。

卡尔·门格尔是19世纪70年代那场开启了新古典经济学序幕的边际革命的三大发起者之一,经济科学中的奥地利学派当之无愧的开山鼻祖。门格尔一生的经历并不复杂,成名之前他一直求学直到获取克拉克科夫大学法学博士学位,毕业后成为一名撰写经济分析方面的记者;又过了几年,进入奥地利首相办公厅新闻部工作。工作期间,撰写了那部今天被视为奥地利学派不可动摇的基石的理论著作——《国民经济学原理》(1871)。1873年,门格尔被提升为维也纳大学法律系的杰出教授,这使得他毅然弃政入学。到1879年间,门格尔的工作比较平淡,他认为自己对学术更情有独钟,因此1879年他结束了自己奥地利王储导师的工作,接受维也纳大学政治经济学讲座教授的任命,从此安心于平静的学术生活。1883年,他出版了第二部著作《关于社会科学尤其是政治经济学方法的探讨》,由这本书所引起的奥地利学派与德国历史学派关于经济学方法的论战持续到20世纪初而偃旗息鼓。1903年,门格尔辞去了一切教职,致力于修正和扩展自己原有的经济理论框架。

门格尔的经济学专著《国民经济学原理》是史上边际主义革命的中流砥柱之一,这部奠定奥地利学派基础的代表作继承了德国经济学的传统重视心理分析,把经济学一向注意的欲望分析转移到满足欲望的分析上。清晰地阐明了他的边际效用学说。在门格尔看来,人类活动由两个因素构成,即人类的欲望及欲望的满足。欲望不仅是人类生存的最一般动因,也是经济上最根本的东西。然而,人类要实现自己的欲望,就一定得拥有能满足自己欲望的物品,即财货。

门格尔根据不同标准对财货加以不同的分类。

一种划分的方法是按照财货与满足人的欲望的亲疏远近关系进行等级排列。第一级财货直接用以满足人类欲望,也可称之为消费财货;第二级财货用

人类历史上的重要学说

来制造第一级财货。第三级财货是用来生产第二级财货的。实际上，他说的第一级财货就是通常所说的消费品，第二级以上的财货就是我们一般所说的生产资料。

另一种划分方法是将财货按是否直接满足人类欲望划分为低级财货和高级财货。前者对满足人类欲望有直接因果关系，后者对满足人类欲望有间接因果关系。而且，低级财货制约和决定着高级财货。人们往往总是在先满足最紧要的欲望之后，才可能考虑用多余的财货去协助生产其他财货，所以高级财货受制于低级财货，而且二者都是以人类欲望的存在为前提的。

门格尔

还有一种划分方法是将财货分为经济财货和非经济财货。经济财货相对于欲望来讲是稀缺的，非经济财货则相反，是取之不尽的。不过稀缺与不稀缺并非固定不变，它们随着供需的变化而变化。稀缺的可变得不稀缺，不稀缺的可变得稀缺，因此，经济财货与非经济财货可以互换。从中可见，经济财货归根到底具有主观属性，因为需求本身取决于人的欲望，而经济财货则反映的是人的欲望与人们所能支配的财货数量的关系。价值学说专指经济财货，就是说只有具有稀缺性的财货才有价值。

在价值理论方面，门格尔首先提出价值取决于财货对各个人的效用，即是个人对商品效用的主观评价。他说："我们所支配的各种财货，不是其自身具有价值。乃是这些财货在满足我们的欲望上有意义，而这种意义则又为我们的生命与福利所依存。"如那些能够满足穷人迫切需要的财货，可能只是用来满足富人并不重要的欲望。

另外，同样的财货满足欲望的能力会随时间和嗜好的不同而有所不同。例如，对于有烟瘾的人来说，烟草是有用的，但对不吸烟的人而言，烟草就没有任何用处了。同时，门格尔并没有忘记效用必须和物品的稀缺性相结合才能成

为决定价值的充分条件。

进而，门格尔指出价值最终是由边际效用决定的，也就是说任何财货的价值都是由用于最不重要用途的那部分物品的效用决定的。因为当物品的数量变得有限，即人所拥有的财货小于其欲望时，他会不得不作出合理的选择，按轻重缓急安排自己欲望的满足，而他最先放弃的效用单位恰恰说明它只有最一般的价值；同时，由于物品的同质性，每一单位都可以相互替换，因此，边际物品的效用也就决定了全部同质物品的价值。

交换也是以边际效用决定的价值为基础进行的，最终指向于人的欲望。而社会的生产在交换的促进下将自发有序地进行下去。为此，他将资本积累视为社会经济进步的主要因素，极力鼓吹资本积累带来了人类文明的发展、人类知识的生产、低级财货的供应增多等益处。同时，他不遗余力地倡导经济自由的观点，认为有利于生产力发展的规章制度可能而且确实自发地出现，不需要什么特别的安排或者政府的强迫，毕竟每个人都懂得通过交换以满足自己的需要，社会经济由此得到良性运行。

门格尔的边际效用学说，打响了奥地利边际学说的第一炮，在世界范围内产生了广泛影响，近代经济学就是从这本书开始起家的，为20世纪经济学走向开辟了新的视野，呈现了新的空间。

马歇尔的经济学说

阿尔弗雷德·马歇尔是英国著名经济学家，资产阶级经济学剑桥学派的重要代表人物，新古典学派的创始人，在英美资产阶级新旧古典经济学之间，起着承上启下的作用，是19世纪末和20世纪初英国经济学界最重要的人物。他的主要著作有《经济学原理》《工业与贸易》和《货币、信用与商业》等，它们对他的经济学说有着全面系统的论证和阐述。

马歇尔经济学说产生的时代正处于世界资本主义由自由竞争向垄断阶段的过渡时期，此时国际工人运动风起云涌。在政治经济学领域中，自从马克思的《资本论》结集出版后，以往的资产阶级经济理论已经不能担负起为自己的合理性进行辩护的历史使命，迫于社会经济和阶级斗争发展的需要，马歇尔经济

学说应运而生。

从英国本国的国情来看，自19世纪70年代之后，英国资本主义在走向垄断的过程中，它的停滞和没落日趋加剧。英国的统治阶级为了保障自己的经济地位，加强了对工人阶级的剥削，从而阶级斗争进一步激化。在这种情况下，英国统治阶级也迫切需要一种新的经济学为资本主义的统治寻找出路。马歇尔经济学说正是在这种形势下登上理论斗争的舞台的，在其中发挥着冲锋陷阵的强大威力。

马歇尔受到当时英国著名的哲学家、经济学家亨利·西奇威克的影响，正因为这个人对他在经济学及道德哲学方面的影响很大，马歇尔的学术兴趣逐渐由物理学转向了哲学和社会科学。于是，马歇尔的思想开始了一生中最重要的转变。他曾经把西奇威克称为自己精神上的父母。

后来，马歇尔看到了19世纪中期在资本主义制度下英国出现的严重的社会不公平，他感觉到，神学、数学、物理学和伦理学都不能够给人类带来福音，于是，他把自己的注意力转移到政治经济学上面来，把理解社会现状的希望寄托在经济学的研究上，打算从经济上来分析社会不公平的原因，他把经济学看成是增进社会福利、消灭人类贫困的科学。但他的核心仍然是在证明资本主义是一种合理的制度，它可以自动地保持均衡，因而马歇尔最终还是成了资本主义制度的辩护人。

马歇尔是局部均衡分析的创始者，他研究单个市场的行为而不考虑市场与市场之间的影响。马歇尔将单一商品的市场看成是总体经济的一部分。对于总体经济来说，单一商品市场的小规模特点给我们分析市场带来两个方便之处，首先我们可以认为消费者在单一商品上的支出仅占全部支出的一小部分，一元钱的收入中仅拿出很少一点来购买这种商品，因此收入效用很小，可以忽略，也就是说，消费者收入的变动对单一商品的需求量影响甚微，因而可视作无影响。其次所研究的商品市场的小规模也使得该种商品的价格变化对其他商品几乎没有什么替代效应，因而可以认为其他商品的价格不受所考虑的这种商品价格影响。马歇尔得出结论，在短期里，需求是影响价格的决定性因素；而在长期里，供给或生产成本是影响价格的决定因素。

马歇尔特别关注收入分配和贫困问题。他把贫困问题归因于劳动市场。在劳动市场里，非技术性劳动的供给由马尔萨斯的人口法则所决定，即工资水平

上升时人口增加，从而劳动供给也增加。但对非技术性劳动的需求却因为机械化而持续减少。供给与需求这两种力量使非技术性劳动的工资维持在相当低的水平。缺乏技能和谈判力量的工人只会得到较低的工资，这导致穷人的健康和教育水平无法提高，他们的儿女也会有同样的遭遇。马歇尔把解决贫困的希望寄托于教育，他主张限制非技术工人的家庭规模和建立累进税制度，但不主张设立最低工资保障和工会。在宏观经济学方面，马歇尔采用了购买力平价的概念来解释不同国家货币之间的汇率。

马歇尔的最主要著作是1890年出版的《经济学原理》。该书在西方经济学界被公认为划时代的著作，也是继《国富论》之后最伟大的经济学著作。该书所阐述的经济学说被看做是英国古典政治经济学的继续和发展。以马歇尔为核心而形成的新古典学派在长达40年的时间里在西方经济学中一直占据着支配地位。《经济学原理》一书的主要成就就在于建立了静态经济学。作为最有才华的数学家之一，马歇尔在他的著作里力求用最简洁的语言表达思想，把数学的定量材料仅仅作为附录和脚注。他独自开创边际效用理论，然而他在未把该理论完全纳入他的体系之前并未公开这一创见。

在《经济学原理》一书中，马歇尔认为，政治经济学和经济学是通用的。因此，不能把政治经济学理解为既研究政治又研究经济的学科，政治经济学也可简称为经济学。

马歇尔的经济学说是19世纪上半叶至19世纪末经济学之大成，并形成自己独特的理论体系和方法，对现代西方经济学的发展有着深远的影响。他的经济学说为新古典经济理论提供了原初的研究思路和理论框架，为新古典主义经济理论的萌芽提供了肥沃的土壤，为新古典主义经济理论的蓬勃发展注入了新鲜的血液和旺盛的生命力。更重要的是，马歇尔的经济学说挽救了资本主义古典经济学被历史所淘汰的缺憾，为资本主义经济的发展再一次地指明了新的方向、新的道路，致使资本主义经济得以继续维持下去。

马歇尔的经济学说以自身的独特体系和观念奠定了西方新古典经济学的基础，产生了承前启后的深远影响，在西方经济学史上享有极高的声誉，占有极重的地位。在马歇尔的影响下，经济学从仅仅是人文历史学科的一门必修课发展成为一门独立的学科。尽管，当代西方经济学说流派繁多，众说纷纭，但是不论哪一个流派哪一个学说，都能或多或少地、直接或间接地、明显或暗含地

人类历史上的重要学说

从马歇尔经济学说中找到这样或那样的思想渊源。

  但是马歇尔经济学说也存在着某些自身无法克服的缺陷：他试图用静态的均衡来掩饰资本主义内在的对抗性矛盾，主张社会各阶级都得到均等的最大满足和利益，大肆宣扬阶级调和论，以抹杀资本主义生产关系的剩余价值剥削实质。

语言学篇

索绪尔的语言学学说

瑞士著名语言学家索绪尔是20世纪最著名、影响最深远的语言学家。他是现代语言学的奠基人、结构主义语言学的创始人,他提出了全新的语言理论、原则和概念,为语言的研究和语言学的发展奠定了科学的基础,并对语言学的发展产生了深远的影响,人们称之为"现代语言学之父"。

索绪尔确定了语言学的研究对象。他把复杂的语言现象分为语言、言语和言语行为三个层面。我们直接感受到的每个人的言语行为性质是多方面的,跨许多领域。它既是物理的,又是生理的、心理的;既是个人的,又是社会的,是难以从整体上把握的。

语言是言语行为的社会部分,是个人被动地从社会接受而储存于头脑中的系统。语言是人类最重要的交际工具,是人们进行沟通时的各种表达符号。它存在于个人意志之外,是社会每个成员共同具有的,是一种社会

索绪尔

心理现象。言语是言语行为的个人部分，是个人对语言系统的运用。具有交流功能、符号功能和概括功能。

语言和言语紧密相连，互为前提构成了人类独特的言语行为。个人要说话使人理解，必须用语言，同时语言的存在又必须体现在言语当中，而且，使语言发生变化的也是言语。所以，语言既是言语的工具，又是言语的产物，但这并不妨碍它们是两种绝对不同的东西。

索绪尔认为，应该有两门学科分别进行研究，一门是语言学，一门是言语学。为了强调语言的同质性和系统性，索绪尔还提出了内部语言学和外部语言学的区分，一切跟语言的机构、系统有直接关系的要素都属于内部语言学的研究范围。

索绪尔在确定了语言的社会心理性质时又指出，在社会现象中有一类特殊的社会事实，就是符号。语言就是一种表达观念的符号系统。他提出设立一门研究社会生活中符号生命的科学——符号学，语言学应是符号学的典范，这是它在人文事实中的地位。索绪尔将符号分成意符和意指两个互不从属的部分，从此确立了符号学的基本理论，索绪尔也因此成为符号学的创始人之一。

这样，索绪尔首先确立了语言学的研究对象——语言的位置，并对其性质作出了第一次概括，即语言是一种社会心理现象中的符号系统。

在一般原则的部分，索绪尔进一步论述了语言的符号性质和存在。索绪尔首先为语言符号概括出两条基本原则，一个是符号的任意性，一个是符号的线条性。这是对语言符号系统进一步论述的理论前提。

所谓语言符号的任意性，指语言符号单位由两个部分构成，一个是概念，称为符号的所指；一个是音响形象，为符号的能指，能指和所指的关系是不可论证的。

关于语言中音与义的关系，自古以来就有论争。并非索绪尔最先指出语言中的音义关系带有约定性，不过，却是索绪尔首先为音义关系的任意性确定了在理论体系中头等重要的地位。他首先明确否定了以往的约定论中孤立地看待语言单位音义联系的立足点，认为语言不是分类命名集，不是给已经存在的概念范畴命名，相反，是在语言系统中创造出概念范畴，这就从根本上否定了孤立的符号单位具有外在于系统的价值。同时他也否定了从语源方面对音义联系探究和论证的意义。因此，索绪尔的语言符号任意性原则完全不是就符号的创

制或产生来说的。在索绪尔看来,任何时代任何社团的说话者都只能被动地接受前人的语言遗产。语言状态始终是历史因素的产物,是一个既定的系统。索绪尔的符号任意性原则是就一个系统中的单位价值而言的。正是由于符号单位的价值完全取决于符号在整个结构中的地位和关系,所以能指和所指的联系是系统制约的,二者在实质上没有可论证性,是任意的。这样,语言结构的整体成为第一性的,成为研究的出发点和主体。他认为,任意性原则"支配着整个语言的语言学,它的后果是不胜枚举的"。实际上,任意性原则是索绪尔语言符号理论的基石。

符号的线条性是指符号只能在时间上展开,相继出现,构成一个链条。索绪尔认为,这个看似简单的原则,其重要性与第一条原则不相上下,"它的后果是数之不尽的"。索绪尔在后面谈到了制约着整个语言系统运作的两种重要的关系,即句段关系和联想关系,其基础就是符号的线条性。句段关系指语言中的横向组合,联想关系由心理联想而产生,指语词的纵向聚合,这两类关系代表两条轴线,成为每个语言单位的系统坐标。

索绪尔特别强调句段关系中的连带关系,指出句段关系不是两个独立部分的简单相加,而是两个有连带关系要素的结合,这两个要素要在一个较高的单位里互相起作用才获得价值。整体的价值决定于部分,部分的价值决定于它们在整体中的地位。部分和整体的句段关系和部分和部分的关系一样重要。由连带关系,我们看到了句段关系和联想关系之间的依存关系和语言机构的运作。例如,"红衣服"由"红"和"衣服"组成,二者有句段关系,而"红"和"红衣服"、"衣服"和"红衣服"都具有连带关系,正由于这两种连带关系,可以形成两个不同的联想系列,前者如"蓝衣服"、"黑衣服"、"白衣服"等,后者如"红鞋"、"红书包"、"红衬衫"等,这两个系列让我们看到这个连带关系的一般性,并由此我们可以推出"白衬衫"这样的组合。

可见,要表达的观念唤起的不是一个形式,而是整个潜在的系统。人们在说一句话时,联想集合和句段类型都在起作用。这就是语言机构的运作。索绪尔认为,一切语法事实都可以纳入句段关系和联想关系当中,从而在理论上完成了对语言共时系统的完整把握。

明确了语言符号的两个基本性质后,索绪尔对语言的存在作了比较全面的把握。把它放在时间和大众的实际背景中,指出了语言系统对于使用者的强制

性，即语言的不变性，以及时间带给语言的缓慢的连续的变化，即语言的可变性。他特别强调，语言的变化印证了每一语言状态的偶然性和符号的任意性，这是19世纪语言的历史研究带给人的启示。

正是基于语言的这种存在状况，索绪尔提出了共时语言学和历时语言学的区分。共时语言学研究同一个集体意识感觉到的各项同时存在并构成系统的要素间的逻辑关系和心理关系。历时语言学研究各项不是同一个集体意识所感觉到的相连续要素间的关系，这些要素一个代替一个，彼此间不成系统。在这两种语言学中，索绪尔特别强调共时语言学单位的价值取决于它所在系列中的地位而不是它的历史。语言学家必须排除历史才能把语言系统描写清楚。

索绪尔指出，一切有研究价值的科学都具有内在的二重性，必须区分两条轴线，涉及同时存在的事物间关系的同时轴线和事物在时间中的变化的连续轴线。二者的研究在方法和原则上是根本对立的，必须加以区分。一个作为价值系统的语言结构必须是同质的关系系统，要素的价值取决于系统的状态，不取决于要素的历史。因此，语言的演变都是个别要素的孤立的变化，它们是一些与系统毫不相干的现象，要确定要素在语言系统中的价值，只能从共时的状态中把握。

索绪尔还提出语言共时描写的一套理论和方法，其核心为价值理论。他首先提出了在把握特异共时系统时遇到的首要问题，即语言具体实体的确定。所谓具体实体，就是指由能指和所指两面结合而成的符号单位。

符号单位的确定在过去不是一个问题。历来词作为语言基本单位是一个初始的概念，词是声音和意义两方面的综合。不过，索绪尔指出了问题的复杂性。他揭示出人们通常视而不见的事实，即人们心理中的一个词在具体使用中具有千差万别的声音和意义，所以词的同一不是简单的声音和意义的同一，不能凭实质确定单位的价值和同一。事实上，单位实体是一个形式实体，它的价值是由它在语言系统中与其他实体的关系决定的，而单位的同一实际上是这种价值的同一。

索绪尔分别从符号的所指和能指两方面论证了符号价值的确定。他指出，概念没有什么初始的东西，它不过是由它与其他类似的价值的关系决定的价值，没有这些价值，意义就不会存在。另一方面，语言的能指实质上不是声音的，不是由它的物质而是由它的音响形象和其他音响形象的差别构成的。

这样，一系列的概念差别和音响形象差别结合在一起就构成了积极的语言符号实体，具有相对的独立性和稳定性，并与其他符号相对立而存在。

在索绪尔语言理论中，语言学的研究对象是语言自身，研究方法是就语言结构自身来描写语言的存在，而研究的目的就是对语言自身的把握。这正是结构主义语言研究的基本特点。

索绪尔的思想对整个人文科学产生了深远的影响。索绪尔提出的很多概念已经成了20世纪思想的普通语汇，如语言和言语、共时性和历时性等，在一般论说文里见得更多的是能指和所指。按照索绪尔的理解，"语言符号连接的不是事物和名称，而是概念和音响形象"，这一提法体现了对语言真实本质的洞见。

布拉格学派的音位理论

布拉格学派也称结构功能语言学派，是结构主义语言学的主要流派之一。布拉格学派的基本观点是在库尔德内和索绪尔的影响下形成的。他们认为语言是一个系统，应对其结构进行共时的研究，不同之处是布拉格学派把语言的结构与功能结合起来研究。他们认为语言的基本功能是作交际工具，语言是一个由多种表达手段构成的、为特定目的服务的功能系统。因此要用功能的观点去研究语言。布拉格学派认为句子既能从语法角度分析，也能从功能角度用主位和述位来分析。主位指已知信息或给定语境是明确的话语起点前的信息，述位指说话者陈述的有关或涉及话语起点的内容。

布拉格学派主要以音系研究著称，代表作是特鲁别茨科伊的《音系学原理》。特鲁别茨科伊沿用索绪尔区分语言和言语的理论提出语音学属于"言语"，而音位学则属于"语言"。在此基础上他又逐渐形成了"音位"观念，以之作为语音系统的抽象单位来与实际发生的声音相区别。他认为音系学是一门独立的学科，并以对立关系为原则来研究语音单位的各种功能，主要是辨义功能。凡能区别两个词的意义的语音对立叫做辨义性对立，如英语pig（猪）和big（大）中的/p/和/b/。使得一个音位同其他音位构成辨义性对立的特征称为区别特征，如英语/p/的区别特征是双唇爆破（同/t/、/k/对立）、声带不振动（同/b/对立）、软腭封住鼻腔通路（同/m/对立），但送气特征不是区别性的，因为没有同

/p/对立的不送气音。从音系的角度看，音位就是区别特征的总和。20世纪50年代初，俄裔美国语言学家雅柯布逊又同别的学者合作，通过声学实验，进一步发展了这一套理论。

特鲁别茨科伊对音位理论的贡献有四个：①他指出了语音的区别性功能并且给出了音位的精确定义；②通过区分语音和音位以及文体音位学和音位学，从而定义了音位学的研究范围；③通过研究音位的组合关系、聚合关系来解释音位间的相互依赖的关系；最后，他提出一整套用于音位研究的方法论，例如确立音位的方法和研究音位结合的方法。

特鲁别茨科伊

《音系学原理》从各个不同的角度把对立关系分为许多类型，其中最重要、后来用得最广的是正负对立。在这种对立的双方中，一方有某一区别特征，另一方没有，成为有无对立，如浊音对非浊音、鼻化音对非鼻化音、唇化音对非唇化音，等等。具有特征的一方称为有标记项，而对方则称为无标记项。一般规律是无标记项的使用频率高于有标记项。后来，这些音系学概念和方法又被布拉格学派推广，用到语法和语义领域中去。例如，在词法学中，有标记项表示有某一特征，无标记项则既不表示有，也不表示无——没有信号。如英语名词的复数形式 birds 是有标记项，单数形式 bird 则是无标记项；动词过去式 worked 是有标记项，现在式 work 则是无标记项。在语义研究中也作了类似的分析，如英语 bitch（母狗）是有标记项，只表示雌性，dog（狗）则是无标记项，既可表示雄性，又可表示雌性。

在句子的功能分析方面，马泰休斯于1939年正式发表了关于实际切分的理论，他主张应用共时和功能观点研究语言，并采用静态分析比较的方法，即将某一种语言与其他语言的功能表达手段进行对比，以充分揭示该语言的特

征。与成分分析不同，实际切分的理论是根据话语在具体上下文或语境中的交际目的（要表达的实际意思），把句子分为两部分：主题是叙述的出发点，述题是叙述的核心。前者是说话人要叙述的对象，在绝大多数情况下表示已知的或不言而喻的信息；后者说明前者做什么或怎么样，表示新的信息。实际切分的表达手段因语言而异，不过一般地说，首先是词序，其次是语调（包括逻辑重音）以及某些强调句式或者虚词。

布拉格学派发展了索绪尔和库尔德内的理论。在布拉学派诞生以前，索绪尔关于系统的概念并未在语言学中产生实质的影响，发挥实质的作用，只是在布拉格学派成功地运用索绪尔的系统概念，创立了音位学理论之后，才使系统理有了更深远的意义。从这一点来说，布拉格学派继承了索绪尔的语言系统观，也推动了欧洲结构主义的发展。布拉格学派首次系统地阐明了音系学的任务、原理和研究方法，使它在结构主义语言学诸领域中居于领先地位。音系学中的理论原则、基本概念和研究方法对语法学、词汇学、语义学都产生了深远的影响。布拉格学派的实际切分的理论已得到公认的发展，为话语语言学奠定了基础；他们的分析比较法对类型语言学和语言普遍现象的研究起了推动作用；他们的定量分析法又为数理语言学的形成准备了条件。他们对语言结构的研究是机器翻译产生的重要前提之一。

布拉格学派的薄弱环节是语法学（尤其是词法学）。他们未能建立起一个完整的结构语法学体系。此外，他们的有些概念，如正负对立原则、区别特征、中和论等能否绝对化，并推广到语言的所有层次中去，也是仍有争论的问题。

美国结构主义学派

20世纪初，美国人类学研究引人瞩目，主要表现在对印第安部落文化的研究，而了解一种社会文化，语言研究是必要的途径，在这个过程中，研究者发现印第安人的土著语言正在迅速消亡。为了挽救这种正在消亡的语言，美国语言学家开始忙于记载和分析这些语言，于是美国语言学开始兴起。在19世纪的语言学研究中，历史比较语言学占主导，然而在对语言动态的历时研究取

得成果后，也暴露出方法上的不足。例如：这一学派把一些语言事实当做孤立的单位来处理，而忽视了语言的系统性和语言各要素之间互相依赖制约的关系。而在美国，美国英语不如欧洲语言历史深厚，当地印第安土著语言也没有自己的文化背景和文字形式，因此传统语法对美国结构主义影响很小，历史语言学和比较语言学也没有建立起来的基础，在这种背景下，美国结构主义学派诞生，又称美国描写语言学派。

美国结构主义跟欧洲结构主义都强调语言结构的系统性，但又各具特色。美国结构主义强调对语言系统进行静态描写，把语言的声音和意义之间的关系，语言单位之间的关系看做语言结构和研究对象。简单点说就是美国结构主义更着重结构形式的描写，而布拉格学派则注重对语言结构功能的研究，哥本哈根学派则更重视语言结构之间的关系。

这一学派的先驱是博厄斯和萨丕尔。博厄斯既是人类学家又是语言学家。他在《美洲印第安语手册》（1911）中所写的序言可以说是美国人类学家从事语言调查和研究的初步理论总结。博厄斯在对印第安语的实地调查中发现了非印欧语系的价值。他主张对语言事实要作客观的描写，不可用其他语言的或者传统语法的框框去套；为了描写不同结构的语言，应该创立新的概念和方法，因为这些是从土著语言中归纳出来的。萨丕尔也是人类学家兼语言学家，他的名著《语言论》（1921）把语言研究同人类心理、社会和文化联系在一起。萨丕尔认为"语言是纯粹人为的，非本能的，凭借自觉制造出来的符号系统来表达概念、情绪和欲望的方法"。他们都强调尊重美洲本地人民的言语，从而做出客观的共时系统的描写。以后美国结构主义者致力于对语言结构作形式描写，其基本信条和传统都来自此二人。

但是从整个学派的历史看来，核心人物是布龙菲尔德。他的《语言科学的一套公设》（1926）和《语言论》（1933）为美国结构主义奠定了描写方法的基础。从他的著作可以看出，在历史语言学方面他接受了欧洲新语法学派的传统，但在对语言结构的共时描写方面则继承和发展了博厄斯和萨丕尔的理论和方法。在语言结构的分析中，他主张以可以观摩到的语言素材为依据，反对用非语言因素（特别是心理因素）作为标准，并强调形式的分析和归类。由于布龙菲尔德的影响，20世纪三四十年代的美国结构主义被称为"布龙菲尔德时期"。

在布龙菲尔德之后,哈里斯的《结构语言学的方法》(1951)是这个学派的理论和方法最为谨严的代表作。他给语言结构分析规定了两项基本任务:①把话语里的单位(如语素)切分出来;②把有关的单位归类。在分析时,要根据语言单位的分布特征,用替换的方法来进行鉴别,因此有人把这种方法称为"分布主义"。他的工作方向是从小到大,先分析出语素,再分析语素组合的序列,最后得出语素序列组合的模式,可以说是从语素到话语。在结构分析和描述中,他采用抽象的数学方法,把语言单位转化成符号,然后按照公式进行运算。哈里斯和霍凯特等人是在布龙菲尔德之后结构主义学派的代表人物,他们的学说被人称为"后布龙菲尔德语言学"。

除哈里斯、霍凯特之外,这一学派还有派克、奈达和弗里斯等人,他们也各有自己的特点。他们从1934年开始,每年举办暑期语言讲习班。他们主要继承萨丕尔的学说,致力于把描写语言学的方法运用到人类一切行为的分析中去。例如,派克在结构分析中区分"位"(-emic,即语言中具有共性的成分)和"素"(-etic,即语言中具有个性的成分),并将这一区分运用于人类其他行为的分析。

在美国结构主义发展的进程中,1924年由博厄斯、萨丕尔、布龙菲尔德等人创建的美国语言学会起了一定的作用。这个学会于1925年创刊《语言》杂志,作为美国结构主义学派的喉舌,每年还在夏季举办语言学讲习班,为学者们提供学术活动的场所。

总的看来,美国结构主义具有以下特点:

注重口语和共时描写。美洲印第安语很多都没有文字和历史的材料,这使得这一学派一开始就不得不从口语着手进行共时的形式分析。这种做法,跟欧洲学者着重书面文献的语文学和专搞历史研究的历史比较语言学都有显著的不同。

注重形式分析,避开意义这一因素。美国结构主义在结构分析中只注意可供验证的语言形式,不考虑心理过程,也不谈社会和历史等因素。在形式和意义的关系上,他们认为形式的对立能决定意义的不同。

在结构分析中,主要是研究分布情况和运用替代的方法。结构分析的任务是从一堆语言素材中切分出独立的单位(如音素、语素等)并加以归类。在切分中,主要的依据是分布。所谓分布,是某个单位或特征在话语里出现的各

种不同位置的总和,也就是它出现于其中的一切环境的总和。所谓替代,是在相同的环境里,某个单位能够用别的单位来替换。

采用直接成分分析法。这一学派重视结构的层次,由此发展出直接成分分析法。所谓直接成分就是把句子按层次区分出它的组成部分。例如,英语句子"Poor John ran away!"(可怜的约翰跑开了!),首先分成 poor John 和 ran away 两个直接成分,然后再把 poor John 分成 poor 和 John,把 ran away 分成 ran 和 away。如果不能再往下切分时,剩下的成分就叫做最终成分。上述例句的最终成分是 poor、John、ran 和 away。

建立语素音位。这是把语法和语音结合而成的单位,包括出现在若干语素变体里的几个音位。例如,英语 knife/naif/(刀,单数)和 knives/naivz/(刀,复数)包含同一个语素的两个不同变体,一个是/f/,一个是/v/,可以用语素音位/F/总括起来,说这个语素的语音形式是/naiF/。语素音位有助于语素的鉴别,它起了用一个概念统驭诸多变体的作用。

美国结构主义注重语言行为的描写,而不注重语言能力的解释;着眼于语言间的差异,而不重视语言的普遍性。它只研究语言本身,而不重视与语言有关的心理因素和社会因素。它的结构分析方法虽然最初是为描写缺少历史文献的美洲印第安语设计的,但已经相当广泛地应用于各种有悠久历史的语言,并取得了成果。赵元任的《中国话的文法》(1968),吕叔湘的译本叫做《汉语口语语法》(1979),即是应用这一方法来描写汉语的。

20 世纪 30～50 年代,结构主义学派是美国语言学界的主流,结构主义对语言的形式、语言的结构的重视弥补了传统语言学缺乏语言形式研究的自觉性所带来的局限。50 年代以后,随着乔姆斯基生成语法学派的抬头,结构主义分析方法在美国逐渐失去了主导地位。尽管如此,这一学派所揭示的一些语言结构现象,所提出的利用分布和替换的方法,直接成分分析法以及把语音和语法相结合的语素音位的概念,都已被后人继承和发展。同时它对濒亡的美国印第安语言的调查和描写有着不可抹杀的功劳。

哥本哈根学派的语符学

哥本哈根学派又称丹麦学派或语符学派,它以 1931 年哥本哈根语言学会

的成立为标志，是结构主义三大流派之一，在现代语言学史上有重要地位。

这是一个纯理论研究学派，创始人和主要理论家是丹麦哥本哈根大学语言教授叶尔姆斯列夫。哥本哈根学派的规模很小，成员大多是北欧的一些语言学家，主要成员有乌尔达尔、布伦达尔托戈壁等。活动地区基本上限于哥本哈根。学派的机关刊物叫《语言学文献》，创刊于1939年。

哥本哈根学派的理论叫做语符学。20世纪30年代初，叶尔姆斯列夫和乌尔达尔研究语音学和音位学的问题，提出了音声学理论，接着又把它发展成为一般性理论。为了强调跟以前的语言学截然不同，他们把自己的理论定名为 glossematics（glossa 在希腊语中是"语言"的意思）。语符学的基本设想由乌尔达尔写成小册子《语符学大纲》，1936年在哥本哈根国际语言学大会上散发，其主要内容是论证运用精密科学的方法研究人文科学的可能性，主要目的是在于探索语符学科学研究的方法。其后不久，乌尔达尔往希腊工作，继续创建理论的任务由叶尔姆斯列夫独自担负。叶尔姆斯列夫的论著颇多，代表作是《语言理论基础》（1943），因用丹麦文写成，读者不多。1953年，这本书有了英文译本，语符学才为更多的人所注意。

叶尔姆斯列夫的观点建立在索绪尔的理论思想上，他接受了索绪尔关于语言是一种符号系统，关于语言和言语的区分，关于语言是价值体系，关于语言是形式不是实体的思想，并将其发展到极端，得出一个逻辑上前后一贯的自圆其说的语言理论体系。叶尔姆斯列夫批评传统语言学缺少统一的科学研究原则，因为它所研究的是语言的生理、心理、逻辑、社会、历史等方面的表现，而不是语言本身。他同意索绪尔关于"语言是形式，不是实质"，"语言是价值的系统"的论断。他主张把语言从物理方面的声音和心理方面的语义抽象出来，并且摆脱语言对社会的依存性和语言历史演变的因素，以便集中研究语言的内在结构。他的方法论的基础是卡纳普的符号逻辑。他要建立"语言的代数"，用一套形式的定义来描写语言。

叶尔姆斯列夫认为，语言的内在结构是各级要素共同构成的关系网络。为了确定语言的基本要素，他把语言成分分为"内容"和"表达"两个平面。这两个平面又各分为"形式"和"实质"两层，"形式"是结构关系，"实质"是体现形式的语言外的实体（一方面是声音，另一方面是意义）。语言学只研究形式，包括"内容形式"和"表达形式"。这两种形式各有自己的最小

要素，叫做"成素"。"表达形式"的成素是音位或音位特征；"内容形式"的成素是语义特征，例如"父亲"这个词的语义特征包括"动物"、"人"、"男性"、"亲属"、"一等亲"（区别于叔伯）、"上代"等。成素不同于符号。符号是内容和表达相结合的双面体，成素却是单面体，它为数有限，但能构成无数的组合。内容形式和表达形式的成素通过接换，能结合成为既有内容又有表达的符号。语言归根到底是一套成素。

另一方面，叶尔姆斯列夫在语言中区分序列和系统。序列是词、短语、句子等形式结构。符号的序列包含内容平面和表达平面，两者都由系统中的要素构成。序列的成分之间，系统的大类、小类、要素之间都存在着一定的关系。这关系视关系主体的性质而定，分为两类：不决定于其他价值的叫常体，受其他价值制约的叫变体。关系不外乎三种：两个常体间的关系叫相依，一个常体和一个变体间的关系叫决定，两个变体间的关系叫群集。这三种类型能够包括语言中的全部关系。语言归根到底是一套形式要素的关系的总和。虽然叶尔姆斯列夫的论点有偏颇，但是仍提供了一种新的理论新的思路。

哥本哈根学派试图通过成素和关系来说明语言的内在结构，揭示语言的表达平面和内容平面上以及这两大平面之间各个形式要素的依存关系的网络。他们认为，同样的方法也可以用来描写语言以外的其他符号系统。

哥本哈根学派的语符学十分抽象，方法上多主观成分。他们过分强调抽象、概括，使语符学的理论很少有实际使用价值，这就导致他们的理论缺少实用价值。20世纪50年代初有人用它来分析法语和西班牙语并不成功。但是，这种理论尽管很少实际应用，却代表着人文科学和精密科学相结合的趋势，而且它把好些学者的想法综合为统一的、一贯的理论，对日后的语言学中的另一分支语符学的产生和发展起了关键的作用，并且对计算机处理语言也有很大的帮助。这就使得哥本哈根学派成为当代语言学的重要流派之一。

科技篇

维纳的控制论学说

维纳是美国著名数学家，控制论的奠基人。他一生都真诚地热爱着科学事业，取得了伟大成就。他获得了美国总统约翰逊颁发的科学奖章。人们尊称他为"控制论之父"。

维纳是一个名副其实的神童。1913 年，19 岁的维纳在《剑桥哲学学会会刊》上发表了一篇关于集合论的论文。这是一篇将关系的理论简化为类的理论的论文，在数理逻辑的发展中占有一席之地。维纳从此步入学术生涯。同年，他以一篇有些怀疑论味道的哲学论文《至善》，获得哈佛大学授予的鲍多因奖。在转向函数分析领域之前，维纳在逻辑和哲学方面共发表了 15 篇论文。

1948 年，自维纳发表了著名的《控制论——关于在动物和机器中的控制与通信的科学》一书以来，控

维 纳

制论的思想和方法已经渗透到了几乎所有的自然科学和社会科学领域。维纳把控制论看做是一门研究机器、生命社会中控制和通信的一般规律的科学，是研究动态系统在变的环境条件下如何保持平衡状态或稳定状态的科学。他特意创造"Cybernetics"这个英语新词来命名这门科学。"控制论"一词最初来源于希腊文"mberuhhtz"，原意为"操舵术"，就是掌舵的方法和技术的意思。在柏拉图（古希腊哲学家）的著作中，经常用它来表示管理人的艺术。在这个意义下，"控制论"一词被编入19世纪许多著名词典中。维纳发明"控制论"这个词正是受了安培等人的启发。

在控制论中，为了改善某个或某些受控对象的功能或发展，需要获得并使用信息，以这种信息为基础而选出的、于该对象上的作用，就叫做控制。由此可见，控制的基础是信息，一切信息传递都是为了控制，进而任何控制又都有赖于信息反馈来实现。信息反馈是控制论的一个极其重要的概念。通俗地说，信息反馈就是指由控制系统把信息输送出去，又把其作用结果返送回来，并对信息的再输出发生影响，起到制约的作用，以达到预定的目的。

维纳的控制论是个很完整的学说，主要由系统观点、信息观点、反馈观点和调控观点四部分构成。维纳的系统观点要求从整体上把握事物，通过数学方式，科学有效地解决系统的设计和控制问题，强调采用动态的控制方式和控制方法，以满足各种多输入和多输出系统的控制要求，实现系统的最优化。维纳把事物看成是一个由若干部分组成的系统。对这个系统，一方面要弄清楚它自身内部各个组成部分的作用和相互之间的关系；另一方面也要弄清它与其他外部事物的联系，既要明白外界对它产生什么影响了，又要清楚它对外界发生什么作用了。

对于信息的观点，维纳认为对系统的控制必须占用大量信息，不管什么系统，从外部环境到内部环境都有一种信息传递，没有信息就没法认识事物，更谈不上对事物的控制。信息论主要是对信息进行描述和度量，控制论主要是在信息论的基础上，对信息加以处理和控制。这样，信息的流通和信息的变换研究变得必不可少起来。例如，在速度控制系统中，转速变化引起离心力变化，这就是一种由外到内的信息。

信息的变换过程，可以简单地表述为：信息——输入——存贮——处理——输出——信息。而这个过程中又离不开反馈信息。反馈的观点，在维纳

看来，作为一种方法和原则，它被广泛地应用于控制论中，几乎一切控制都带有反馈。系统输送出的信息作用于被控制的对象，然后被控制对象又把自己的反应输送回来，又对以后信息的再输出发生影响。这个过程就叫反馈。反馈中的信息是一个一般意义上的词汇，即简单的信息包括能量的机械传递、电子脉冲、神经冲动、化学反应、文字或口头消息以及能够借以传递消息的任何其他手段。

反馈存在着正反馈和负反馈两种。凡是反馈信息与原输入信息起到相同作用的，就叫正反馈；凡是反馈信息与原输入信息起到相反作用的，就叫负反馈。反馈的原理就是原因和结果不断地相互作用，最后共同完成一个功能目的。这是控制论的核心。调控的观点，维纳也给予了足够的重视。他认为控制论最终是为了要达到对系统的最优控制，这就需要根据反馈原理，调整各部分的功能，以达到系统的最佳状态、最佳效果。

现在，控制论已有了许多重大发展，但维纳用吉布斯统计力学处理某些数学模型的思想仍处于中心地位。他定义控制论为："设有两个状态变量，其中一个是能由我们进行调节的，而另一个则不能控制。这时我们面临的问题是如何根据那个不可控制变量从过去到现在的信息来适当地确定可以调节的变量的最优值，以实现对于我们最为合适、最有利的状态。"

冯·诺伊曼的计算机结构

回顾20世纪科学技术的辉煌发展时，不能不提及20世纪最杰出的数学家之一的冯·诺伊曼。众所周知，电子计算机的发明极大地促进了科学技术的进步，也极大地促进了社会生活的进步。现在我们面前计算机内采用的体系结构就是以他的名字命名的"冯·诺伊曼结构"。

冯·诺伊曼是20世纪最杰出的数学家之一，他生于匈牙利布达佩斯的一个犹太人家庭。大多数的传说都讲到冯·诺伊曼自童年起在吸收知识和解题方面就具有惊人的速度。六岁时他能心算做八位数乘除法，八岁时掌握微积分，十二岁就读懂领会了波莱尔的大作《函数论》要义。八岁的儿童要弄懂微积分，仍然是罕见的。传闻虽然不尽可信，但冯·诺伊曼的才智过人，则是与他

相识的人们的一致看法。

冯·诺伊曼在纯粹数学和应用数学方面都有杰出的贡献。他的工作大致可以分为两个时期：1940年以前，主要是纯粹数学的研究。在数理逻辑方面提出简单而明确的序数理论，并对集合论进行新的公理化，其中明确区别集合与类，奠定了公理集合论的基础。其后，他研究希尔伯特空间上线性自伴算子谱理论，从而为量子力学打下数学基础；1930年起，他证明平均遍历定理开拓了遍历理论的新领域；1933年，他运用紧致群解决了希尔伯特第五问题，即证明了局部欧几里得紧群是李群，他还将紧群理论与波尔的殆周期函数理论统一起来。此外，他还在测度论、格论和连续几何学方面也有开创性的贡献，弄清了拓扑群的结构，证实它的代数结构和拓扑结构与实数是一致的；1936～1943年，他和默里合作创造了算子环理论，奠定了它的理论基础，从而建立算子代数这门新的数学分支，即现在所谓的冯·诺伊曼代数。

冯·诺伊曼

1940年以后，冯·诺伊曼转向应用数学。如果说他的纯粹数学成就属于数学界，那么他在力学、经济学、数值分析和电子计算机方面的工作则属于全人类。第二次世界大战开始，冯·诺伊曼因战事的需要研究可压缩气体运动，建立冲击波理论和湍流理论，发展了流体力学；从1942年起，他同莫根施特恩合作，写作《博弈论和经济行为》一书，这是博弈论（又称"对策论"）中的经典著作，使他成为数理经济学的奠基人之一。

冯·诺伊曼对世界上第一台电子计算机ENIAC（电子数字积分计算机）的设计提出过建议，1945年3月他在共同讨论的基础上起草EDVAC（电子离

散变量自动计算机）设计报告初稿，这对后来计算机的设计有决定性的影响，特别是确定计算机的结构，采用存储程序以及二进制编码等，至今仍为电子计算机设计者所遵循。

早在洛斯·阿拉莫斯参加研制原子弹工作的时候，冯·诺伊曼就发现无穷的数字和逻辑是人工无法迅速完成的障碍，在对原子核反应过程的研究中，研究人员总要涉及几十亿次的数学运算和逻辑指令，哪怕数据不需要太准确，中间的运算过程都不会减少，为此实验室聘用了100多位女计算员，从早到晚地计算还是达不到研究的要求，于是冯·诺伊曼开始了他一生最大的丰功伟绩——从事电子计算机和计算方法的研究。

1944~1945年间，冯·诺伊曼形成了现今所用的将一组数学过程转变为计算机指令语言的基本方法，当时的电子计算机（如 ENIAC）缺少灵活性、普适性，而冯·诺伊曼关于机器中的固定的、普适线路系统，关于"流图"概念，关于"代码"概念为克服以上缺点作出了重大贡献。现在的计算机的基本工作原理即"存储和程序控制"就是由冯·诺伊曼提出的。尽管对数理逻辑学家来说，这种安排是显而易见的。

计算机工程的发展也应大大归功于冯·诺伊曼。计算机的逻辑图式，现代计算机中存储、速度、基本指令的选取以及线路之间相互作用的设计，都深深受到冯·诺伊曼思想的影响。他不仅参与了电子管元件的计算机 ENIAC 的研制，并且还在普林斯顿高等研究院亲自督造了一台计算机。稍前，冯·诺伊曼还和摩尔小组一起，写出了一个全新的存贮程序——通用电子计算机方案 EDVAC，长达101页的报告轰动了数学界。连一向专搞理论研究的普林斯顿高等研究院也批准让冯·诺伊曼建造计算机，其依据就是这份报告。

速度超过人工计算千万倍的电子计算机，不仅极大地推动数值分析的进展，而且还在数学分析本身的基本方面，刺激着崭新的方法的出现。其中，由冯·诺伊曼等制订的使用随机数处理确定性数学问题的蒙特卡洛方法的蓬勃发展，就是突出的实例。

19世纪那种数学物理原理的精确的数学表述，在现代物理中似乎十分缺乏。基本粒子研究中出现的纷繁复杂的结构令人眼花缭乱，要想很快找到数学综合理论希望还很渺茫。单从综合角度看，且不提在处理某些偏微分方程时所遇到的分析困难，要想获得精确解希望也不大。所有这些都迫使人们去寻求能

人类历史上的重要学说

借助电子计算机来处理的新的数学模式。冯·诺伊曼为此贡献了许多天才的方法，如从求解偏微分方程的数值近似解到长期天气数值，以至最终达到控制气候等。

冯·诺伊曼发明的电子计算机

在冯·诺伊曼生命的最后几年，他的思想仍非常活跃，他综合早年对逻辑研究的成果和关于计算机的工作，把眼界扩展到一般自动机理论。他以特有的胆识进击最为复杂的问题：怎样使用不可靠元件去设计可靠的自动机，以及建造自己能再生产的自动机。从中，他意识到计算机和人脑机制的某些类似，这方面的研究反映在西列曼讲演中。冯·诺伊曼逝世后才有人以《计算机和人脑》的名字出了单行本。尽管这是未完成的著作，但是他对人脑和计算机系统的精确分析和比较后所得到的一些定量成果，仍不失其重要的学术价值。

冯·诺伊曼结构被誉为计算机发展史上的一个里程碑，它标志着电子计算机时代的真正开始，并指导着以后的计算机设计。由于他在发明电子计算机中所起的关键性作用，被人们誉为"计算机之父"。

爱因斯坦的相对论学说

爱因斯坦是 20 世纪贡献最伟大、声誉最卓著的科学家。有人不无崇敬地称他为"20 世纪的牛顿"、"20 世纪的哥白尼"。著名物理学家、英国皇家学会会长汤姆逊称赞说："这是自从牛顿时代以来所取得的同于万有引力理论的最重大的成果。""爱因斯坦的相对论是人类思想史上最伟大的成果之一。"甚至还有人热情似火地在诗篇里称赞他"像那光芒四射的彗星，从天际向我们

瞭望，把它耀眼的光焰，融入未来的曙光"。

相对论的提出是物理学领域的一次重大革命。它否定了经典力学的绝对时空观，深刻地揭示了时间和空间的本质属性。它也发展了牛顿力学，将其概括在相对论力学之中，推动物理学发展到一个新的高度。

一、狭义相对论的创立

早在16岁时，爱因斯坦就从书本上了解到光是以很快速度前进的电磁波，他产生了一个想法，如果一个人以光的速度运动，他将看到一幅什么样的世界景象呢？他将看不到前进的光，只能看到在空间里振荡着却停滞不前的电磁场。这种事可能发生吗？

与此相联系，他非常想探讨与光波有关的所谓"以太"的问题。

"以太"这个名词源于希腊，用以代表组成天上物体的基本元素。17世纪的笛卡尔和其后的惠更斯首创并发展了以太学说，他们认为以太就是光波传播的媒介，它充满了包括真空在内的全部空间，并能渗透到物质中。与以太说不同，牛顿提出了光的微粒说。牛顿认为，发光体发射出的是以直线运动的微粒粒子流，粒子流冲击视网膜就引起视觉。18世纪牛顿的微粒说占了上风。19世纪，却是波动说占了绝对优势。以太的学说也大大发展：波的传播需要媒质，光在真空中传播的媒质就是以太，也叫光以太。与此同时，电磁学得到了蓬勃发展，经过麦克斯韦、赫兹等人的努力，形成了成熟的电磁现象的动力学理论——电动力学，并从理论与实践上证明光就是一定频率范围内的电磁波，从而统一了光的波动理论与电磁理论。以太不仅是光波的载体，也成了电磁场的载体。直到19世纪末，人们仍企图寻找以太，然而从未在实验中发现以太。

电磁学的发展最初也是纳入牛顿力学的框架，但在解释运动物体的电磁过程时却发现，电磁学与牛顿力学所遵从的相对性原理不一致。按照麦克斯韦理论，真空中电磁波的速度，也就是光的速度是一个恒量；然而按照牛顿力学的速度加法原理，不同惯性系的光速不同。例如，两辆汽车，一辆向你驶近，一辆驶离。你看到前一辆车的灯光向你靠近，后一辆车的灯光远离。根据伽利略理论，向你驶来的车将发出速度大于C（真空光速 3.0×10^8 m/s）的光，即前车的光的速度 = 光速 + 车速；而驶离车的光速小于C，即后车的光的速度 = 光速 – 车速。但按照这两种光的速度相同，因为在麦克斯韦的理论中，车的速度

有无并不影响光的传播，说白了不管车子怎样，光速等于C。麦克斯韦与伽利略关于速度的说法明显相悖。我们如何解决这一分歧呢？

爱因斯坦似乎就是那个构建崭新的物理学大厦的人。爱因斯坦认真研究了麦克斯韦电磁理论，特别是经过赫兹和洛伦兹发展和阐述的电动力学。爱因斯坦坚信电磁理论是完全正确的，但是有一个问题使他不安，这就是绝对参照系以太的存在。他阅读了许多著作发现，所有人试图证明以太存在的试验都是失败的。经过研究爱因斯坦发现，除了作为绝对参照系和电磁场的荷载物外，以太在洛伦兹理论中已经没有实际意义。于是他想到：以太绝对参照系是必要的吗？电磁场一定要有荷载物吗？这时他开始怀疑以太存在的必要。

爱因斯坦喜欢阅读哲学著作，并从哲学中吸收思想营养，他相信世界的统一性和逻辑的一致性。相对性原理已经在力学中被广泛证明，但在电动力学中却无法成立，对于物理学这两个理论体系在逻辑上的不一致，爱因斯坦提出了怀疑。他认为，相对论原理应该普遍成立，因此电磁理论对于各个惯性系应该具有同样的形式，但在这里出现了光速的问题。光速是不变的量还是可变的量，就成为相对性原理是否普遍成立的首要问题。当时的物理学家一般都相信以太，也就是相信存在着绝对参照系，这是受到牛顿的绝对空间概念的影响。19世纪末，马赫在所著的《发展中的力学》中，批判了牛顿的绝对时空观，这给爱因斯坦留下了深刻的印象。1905年5月的一天，爱因斯坦与一个朋友贝索讨论这个已探索了十年的问题，贝索按照马赫主义的观点阐述了自己的看法，两人讨论了很久。突然，爱因斯坦领悟到了什么，回到家经过反复思考，终于想明白了问题。原来爱因斯坦想清楚了一件事：时间没有绝对的定义，时间与光信号的速度有一种不可分割的联系。他找到了开锁的钥匙，经过五个星期的努力工作，爱因斯坦把狭义相对论呈现在人们面前。

1905年6月30日，德国《物理学年鉴》接受了爱因斯坦的论文《论动体的电动力学》，在同年9月的该刊上发表。这篇论文是关于狭义相对论的第一篇文章，它包含了狭义相对论的基本思想和基本内容。狭义相对论所根据的是两条原理：相对性原理和光速不变原理。爱因斯坦解决问题的出发点，是他坚信相对性原理。伽利略最早阐明过相对性原理的思想，但他没有对时间和空间给出过明确的定义。牛顿建立力学体系时也讲了相对性思想，但又定义了绝对空间、绝对时间和绝对运动，在这个问题上他是矛盾的。而爱因斯坦大大发展

了相对性原理，在他看来，根本不存在绝对静止的空间，同样不存在绝对同一的时间，所有时间和空间都是和运动的物体联系在一起的。对于任何一个参照系和坐标系，都只有属于这个参照系和坐标系的空间和时间。对于一切惯性系，运用该参照系的空间和时间所表达的物理规律，它们的形式都是相同的，这就是相对性原理，严格地说是狭义的相对性原理。在这篇文章中，爱因斯坦没有多讨论将光速不变作为基本原理的根据，他提出光速不变是一个大胆的假设，是从电磁理论和相对性原理的要求而提出来的。这篇文章是爱因斯坦多年来思考以太与电动力学问题的结果，他以同时的相对性这一点作为突破口，建立了全新的时间和空间理论，并在新的时空理论基础上给动体的电动力学以完整的形式，以太不再是必要的，以太漂流是不存在的。

什么是同时性的相对性？不同地方的两个事件我们何以知道它是同时发生的呢？一般来说，我们会通过信号来确认。为了得知异地事件的同时性我们就得知道信号的传递速度，但如何测出这一速度呢？我们必须测出两地的空间距离以及信号传递所需的时间，空间距离的测量很简单，麻烦在于测量时间，我们必须假定两地各有一只已经对好了的钟，从两个钟的读数可以知道信号传播的时间。但我们如何知道异地的钟对好了呢？答案是还需要一种信号。这个信号能否将钟对好？如果按照先前的思路，它又需要一种新信号，这样无穷后退，异地的同时性实际上无法确认。不过有一点是明确的，同时性必与一种信号相联系，否则我们说这两件事同时发生是无意义的。

光信号可能是用来对时钟最合适的信号，但光速并非无限大，这样就产生一个新奇的结论：对于静止的观察者同时的两件事，对于运动的观察者就不是同时的。我们设想一个高速运行的列车，它的速度接近光速。列车通过站台时，甲站在站台上，有两道闪电在甲眼前闪过，一道在火车前端，一道在后端，并在火车两端及平台的相应部位留下痕迹，通过测量，甲与列车两端的间距相等，得出的结论是，甲是同时看到两道闪电的。因此对甲来说，收到的两个光信号在同一时间间隔内传播同样的距离，并同时到达他所在位置，这两起事件必然在同一时间发生，它们是同时的。但对于在列车内部正中央的乙，情况则不同，因为乙与高速运行的列车一同运动，因此他会先截取向着他传播的前端信号，然后收到从后端传来的光信号。对乙来说，这两起事件是不同时的。也就是说，同时性不是绝对的，它取决于观察者的运动状态。这一结论否

定了牛顿力学中作为基础的绝对时间和绝对空间框架。

相对论认为，光速在所有惯性参考系中不变，它是物体运动的最大速度。由于相对论效应，运动物体的长度会变短，运动物体的时间会膨胀。但由于日常生活中所遇到的问题，运动速度都是很低的（与光速相比），看不出相对论效应。

爱因斯坦在时空观的彻底变革的基础上建立了相对论力学，指出质量随着速度的增加而增加，当速度接近光速时，质量趋于无穷大。他并且给出了著名的质能关系式：$E = mc^2$，质能关系式对后来发展的原子能事业起到了指导作用。

二、广义相对论的建立

1905 年，爱因斯坦发表了关于狭义相对论的第一篇文章后，并没有立即引起很大的反响。但是德国物理学的权威人士普朗克注意到了他的文章，认为爱因斯坦的工作可以与哥白尼相媲美，正是由于普朗克的推动，相对论很快成为人们研究和讨论的课题，爱因斯坦也受到了学术界的注意。

1907 年，爱因斯坦撰写了关于狭义相对论的长篇文章《关于相对性原理和由此得出的结论》，在这篇文章中爱因斯坦第一次提到了等效原理，此后，爱因斯坦关于等效原理的思想又不断发展。他以惯性质量和引力质量成正比的自然规律作为等效原理的根据，提出在无限小的体积中均匀的引力场完全可以代替加速运动的参照系。爱因斯坦并且提出了封闭箱的说法：在一封闭箱中的观察者，不管用什么方法也无法确定他究竟是静止于一个引力场中，还是处在没有引力场却在作加速运动的空间中，这是解释等效原理最常用的说法，而惯性质量与引力质量相等是等效原理一个自然的推论。

1915 年 11 月，爱因斯坦先后向普鲁士科学院提交了四篇论文，在这四篇论文中，他提出了新的看法，证明了水星近日点的进动，并给出了正确的引力场方程。至此，广义相对论的基本问题都解决了，广义相对论诞生了。1916 年，爱因斯坦完成了长篇论文《广义相对论的基础》，在这篇文章中，爱因斯坦首先将以前适用于惯性系的相对论称为狭义相对论，将只对于惯性系物理规律同样成立的原理称为狭义相对性原理，并进一步表述了广义相对性原理：物理学的定律必须对于无论哪种方式运动着的参照系都成立。

爱因斯坦的广义相对论认为，由于有物质的存在，空间和时间会发生弯曲，而引力场实际上是一个弯曲的时空。爱因斯坦用太阳引力使空间弯曲的理论，很好地解释了水星近日点进动中一直无法解释的43秒。广义相对论的第二大预言是引力红移，即在强引力场中光谱向红端移动。20世纪20年代，天文学家在天文观测中证实了这一点。广义相对论的第三大预言是引力场使光线偏转。最靠近地球的大引力场是太阳引力场，爱因斯坦预言，遥远的星光如果掠过太阳表面将会发生1.7秒的偏转。1919年，在英国天文学家爱丁顿的鼓动下，英国派出了两支远征队分赴两地观察日全食，经过认真的研究得出最后的结论是：星光在太阳附近的确发生了1.7秒的偏转。英国皇家学会和皇家天文学会正式宣读了观测报告，确认广义相对论的结论是正确的。会上，著名物理学家、皇家学会会长汤姆逊说："这是自从牛顿时代以来所取得的同于万有引力理论的最重大的成果。""爱因斯坦的相对论是人类思想史上最伟大的成果之一。"爱因斯坦成了新闻人物，他在1916年写了一本通俗介绍相对论的书——《狭义与广义相对论浅说》，到1922年就已经再版了40次，还被译成了十几种文字，广为流传。

三、相对论的意义

狭义相对论和广义相对论建立以来，已经过去了很长时间，它经受住了实践和历史的考验，是人们普遍承认的真理。相对论对于现代物理学的发展和现代人类思想的发展都产生了巨大的影响。相对论从逻辑思想上统一了经典物理学，使经典物理学成为一个完美的科学体系。狭义相对论在狭义相对性原理的基础上统一了牛顿力学和麦克斯韦电动力学两个体系，指出它们都服从狭义相对性原理，都是对洛伦兹变换协变的，牛顿力学只不过是物体在低速运动下很好的近似规律。

广义相对论又在广义协变的基础上，通过等效原理，建立了局域惯性长与普遍参照系数之间的关系，得到了所有物理规律的广义协变形式，并建立了广义协变的引力理论，而牛顿引力理论只是它的一级近似。这就从根本上解决了以前物理学只限于惯性系数的问题，从逻辑上得到了合理的安排。相对论严格地考察了时间、空间、物质和运动这些物理学的基本概念，给出了科学而系统的时空观和物质观，从而使物理学在逻辑上成为完美的科学体系。

狭义相对论给出了物体在高速运动下的运动规律，并提示了质量与能量相当，给出了质能关系式。这两项成果对低速运动的宏观物体并不明显，但在研究微观粒子时却显示了极端的重要性。因为微观粒子的运动速度一般都比较快，有的接近甚至达到光速，所以粒子的物理学离不开相对论。质能关系式不仅为量子理论的建立和发展创造了必要的条件，而且为原子核物理学的发展和应用提供了根据。

对于爱因斯坦引入的这些全新的概念，当时地球上大部分物理学家，其中包括相对论变换关系的奠基人洛伦兹，都觉得难以接受。甚至有人说"当时全世界只有两个半人懂相对论"。旧的思想方法的障碍，使这一新的物理理论直到一代人之后才为广大物理学家所熟悉，就连瑞典皇家科学院于1922年把诺贝尔物理学奖授予爱因斯坦时，也只是说"由于他对理论物理学的贡献，更由于他发现了光电效应的定律"，颁奖辞中竟然对于爱因斯坦的相对论只字未提。

相对论学说本身理论形式优美，内容深邃，逻辑清晰，被人们公认是人类最伟大的科学发现。它对推动现代物理学的发展发挥了巨大作用，尤其是广义相对论带给人们更多的方法论方面的启发和思考。相对论与量子力学并肩成为支撑物理学殿堂的雄伟支柱。相对论也在天体物理学和宇宙学的研究方面起着重大作用，可将它和基本粒子理论大统一理论结合在一起研究宇宙学。于是，相对论成了现代宇宙学理论的基础之一，爱因斯坦本人也成了现代宇宙学的先驱。

相对论还把人类对时空的认识推向新的高度。时间和空间不仅是统一不可分割的，而且时间、空间、物质也紧紧联系。这甚至引发了人们整个宇宙观、世界观彻头彻尾的变革，促使人们把自己的目光投向了更远更深更广阔的宇宙天边，不再拘泥于日常经验的泛滥与短视中。

相对论的影响远远超出了自然科学的界限，甚至渗入了文学艺术、哲学政治等领域。它对人们的影响是全方位、多层次的。它把人们带到了知识的最前沿，思想的最前沿，一步一步地接近那奥秘无穷的终极真理。

道尔顿的原子学说

化学是在近代兴起的一门学科，无数的科学先驱者为这门学科奠定了理论基础，英国物理学家、化学家约翰·道尔顿就是其中的一位。道尔顿既具有敏锐的理论思维头脑，又具有卓越的实验才能，尤其是在对原子的研究方面取得了非凡的成果，因而被称为"近代化学之父"，成为近代化学的奠基人。

道尔顿是英国一个贫苦工人的儿子，他一生都在乡下担任小学教师。从21岁时开始坚持业余从事气象学的研究达57年之久，对大气的成分和性质作了细致的考察，研究了有关蒸气压、混合气体分压、气体扩散等问题。对气象的长期研究，为他日后提出新的原子论积累了大量的资料与经验。

1793年，道尔顿发表了《气象与观察》一书，在其中描述了气温计气压计的测定露点装置，并在附录中提出原子论的模型，这是道尔顿第一次对原子的形态进行阐述。

在长期的业余研究中，道尔顿曾经特别注意思考一个问题，即一

道尔顿

处复杂的大气，由两种或两种以上的气体混合后，怎么会变成一种均匀的气体？对此，他曾试着进行解释，但是结果都不能令他自己满意。直到1803年，他发现如果对任何气体进行加热，气体的体积或气压就会增大和升高；如果设法使任何气体降温，又可以发现气体的体积减小并且气压降低。其实，对于道尔顿观察到的现象，法国人查理早在1787年就已经发现了，他还提出了气体体积随温度升高而膨胀的定律。

鉴于以上现象，道尔顿把气体微粒的排斥力更加具体明确地解释为热的作用，并将此种微粒称为原子，对它进行了形象的描绘。他在笔记中这样写道："物质的原子乃是在气体状态时被热质围绕的质点或核心。"也就是说，气体的原子有一个处于中心的硬核，周围被一层热所笼罩，即中心核及周围的热氛组成了一个原子。由于热氛的存在，因而相互产生排斥力。当温度越高时，这种所谓的热氛就越多，相互间的排斥力则越大。

道尔顿认为，同种物质的原子，其形状、大小、重量一定是相同的；不同物质的原子，其形状、大小及重量必不相同。为此，他曾经做出这样的推理：假如水的某些原子比其他的水原子重，再假如某一体积的水恰恰由这些较重的水原子组成，那么这一体积的水的比重必然较其他水的比重要大（这显然与事实不符，因为我们知道无论从什么地方得来的纯水的比重都是相同的）。由此及彼，其他物质也是如此。道尔顿又指出，不同气体的原子的大小必然各异。他说，如果将一体积氮与一体积氧进行化合，则会生成二体积的氧化氮，这二体积的氧化氮的数目一定不能多于一体积氮或氧的原子数。因此，他说氧化氮的原子一定比氧、氮的原子大。

在这种见解的基础上，道尔顿为了进一步解释一种气体扩散于他种气体的理由以及混合气体的压力问题，他又提出：同一化学物质的原子相互排斥。道尔顿又推理说，当两种有弹性的流体混合在一起时，同一种微粒相互排斥，但并不排斥另一种微粒，因此，加在一个微粒上的压力，完全来自于它相同的微粒。由此，他解释了他的分压定律。正如他的一位朋友所说的那样："一种气体对别的任何气体来说都是一种真空。"

之后，道尔顿进一步考虑到对各种原子的相对质量进行测量的问题，虽然进行了许多研究工作，但是依据当时的水平所测得的原子量是很不准确的，甚至无法计算各种元素的原子量，因而他不得不作一些大胆的猜测和假设。他首先为复杂原子进行命名：二元化合物、三元化合物和四元化合物。然后，他又很武断地作出了这样的结论：如果两种元素彼此化合，其化合时则遵循从最简单的方式开始，其层次分为四个。道尔顿又根据以上原则，以氢原子量为1作为标准，规定了其他元素原子的相对质量。

道尔顿确定的化合物组成的规则是没有什么科学依据的，不能不说是过于主观、随意和武断。因此，很多化合物复杂原子的组成都被他弄错了，比如水

是 H_2O，而他误作 HO，随之氧的原子量也就错了。

1803年10月18日，道尔顿在曼彻斯特的学会上第一次宣读了他的有关原子论的论文。论文中说了如下几个原子论的要点：

元素的最终组成称为简单原子，它们是不可见的，既不能创造，也不能毁灭和再分割，它们在一切化学变化中本性不变。

同一元素的原子，其形状、质量及性质是相同的；不同元素的原子则相反。每一种元素以其原子的质量为其最基本的特征（此点乃原子论的核心）。

不同元素的原子以简单数目的比例相结合，形成化合物。化合物的原子称为复杂原子，其质量为所含各元素原子质量的总和。同一种复杂原子，其形状、质量及性质也必然相同。

这篇论文发表之后，1804年，道尔顿在这篇论文的基础上系统地提出他的原子学说并编制了一张原子量表，开辟了从微观世界认识物质变化的新纪元。

至此，道尔顿完成了提出原子论的历史使命，由于该学说解决了很多化学基本定律的解释，所以很快为化学界所接受。

道尔顿提出原子论，标志着近代化学发展的开始。因为化学作为一门重要的自然科学，它所要说明的现象本质正是原子的化合与化分。道尔顿的学说已抓住了这一核心和本质，主张用原子的化合与化分来说明各种化学现象和化学定律间的内在联系。因此，无论从广度和深度上说都是更加超过了燃烧的氧化学说。道尔顿的原子论开辟了从微观世界认识物质及其变化的新纪元。

道尔顿一生宣读和发表过116篇论文，主要著作有《化学哲学的新体系》两册。

为了把自己毕生精力献给科学事业，道尔顿终生未婚，而且在生活穷困条件下仍坚持从事科学研究，英国政府也只是在欧洲著名科学家的呼吁下才给予他一定的养老金，但是道尔顿仍把它积蓄起来，奉献给曼彻斯特大学用作学生的奖学金。道尔顿一生正如恩格斯所指出的："化学新时代是从原子论开始的，所以道尔顿应是'近代化学之父'。"

人类历史上的重要学说

凯库勒的苯分子结构学说

凯库勒是化学界有机结构理论的奠基人。他提出的苯的环状结构学说，即苯的结构可想象为由6个链形碳原子闭合而成的思想，为打开芳香族化学的大门、构建有机结构理论大厦做出了卓越的贡献。

在有机化学发展的初期，人们得到了许多从树脂、香料油等天然产物中制取的，具有芳香味的有机化合物，凯库勒为之命名为"芳香族化合物"。随着化学的发展，人们又发现了许多化学性质与芳香族化合物相类似的化合物，然而，它们并没有这一族化合物所具有的独特芳香。我们今天已很清楚，这类化合物在结构上有着共同的特点，即都含有苯环结构。但是，为了弄清这一事实，科学家们却付出了艰辛的汗水。

肖莱马认为"苯是芳香族化合物的沼气"，这一族中所有的化合物，都可以当做由不同的元素或基团取代了苯中的氢衍生而得来的。所以，弄清苯的来龙去脉是了解芳香族化合物的关键所在。

凯库勒

19世纪初期，煤气已用于照明。那时，煤气在储运时，一般都经过压缩之后装入桶中。人们在贮存压缩煤气的桶中经常可以发现一种油状凝集物，这在当时是见怪不怪的，并没有太多的人注意到它。1825年，法拉第知道了这一情况，立即采集了一些这样的油状物。他把这种油状物进行蒸馏，得到了一

种液体，它是一种碳氢化合物。经过分析，确定其实验式为 C_2H，并测得这种化合物的蒸气的比重相当于氢的 39 倍。这种化合物就是我们今天所说的苯。如果现在以科学的眼光来看，法拉第当时已得出了该物质的比重是氢的 39 倍，就应该很容易地得到苯的分子量为 78，从而可推测出苯的分子式为 C_6H_6。但是，由于受历史和科学发展状况的局限，法拉第并没能做到这一点，苯的分子式的得出推迟了 10 年之久。

1834 年，德国科学家米西尔里希将安息酸和石灰混合后进行干馏，得到了法拉第所得到的碳氢化合物。他为这一化合物命名为苯，并测得了它的蒸气比重，与法拉第所得完全一致。在正确的分子概念建立之后，劳伦和日拉尔等人把苯的分子式改写为 C_6H_6。凯库勒在苯的正确分子式确立后，就一直在进行苯的结构的研究，凯库勒在早年受到建筑师的训练，具有一定的形象思维能力，他善于运用模型方法，把化合物的性能与结构联系起来，他的苦心研究终于有了结果，1864 年冬天，他的科学灵感导致他获得了重大的突破。他曾记载道："我坐下来写我的教科书，但工作没有进展；我的思想开小差了。我把椅子转向炉火，打起瞌睡来了。原子又在我眼前跳跃起来，这时较小的基团谦逊地退到后面。我的思想因这类幻觉的不断出现变得更敏锐了，现在能分辨出多种形状的大结构，也能分辨出有时紧密地靠近在一起的蛇形分子，它围绕、旋转，像蛇一样地动着。看！那是什么？有一条蛇咬住了自己的尾巴，这个形状虚幻地在我的眼前旋转着。像是电光一闪，我醒了。我花了这一夜的剩余时间，做出了这个假想。"于是，凯库勒于 1865 年首次满意地写出了苯的结构式，指出芳香族化合物的结构含有封闭的碳原子环，它不同于具有开链结构的脂肪族化合物。

凯库勒认为，对以下事实的解释是了解芳香族化合物中原子组成情况的前提。其一，所在的芳香族化合物，即便最简单的这一类化合物，其中所含的碳也比脂肪族中相应化合物含量大；其二，如同脂肪族中的情况，在芳香族中也存在着数量极多的同系物；其三，最简单的芳香族化合物，至少含有 6 个碳原子；其四，芳香物质的所有衍生物，都含有某种芳香族化合物的共同的特点。凯库勒说，芳香族化合物在进行过一些较激烈的反应之后，常常会失去部分碳，但其主要产物仍然至少含有 6 个碳原子。除非有机基团受到完全的破坏，否则，当这些至少含有 6 个大原子的产物形成后，分解作用也将立即停止。凯

库勒认为，所有的芳香族化合物，都含有一个共同的基团。换一种说法，即一个含有 6 个碳原子的核，这个核中碳原子结合得最牢固，它们之间最为紧凑，这也就是芳香族化合物中含碳原子较多的原因。其他的碳原子与脂肪族的情形一样，以链状与核相连，芳香族众多的同系物就是这样产生的。凯库勒曾先后用多种图式来表示苯的结构，都不能很好地表达出这一物质结构，最后只好从中选择出一个他认为比较完全的表达结构，这就是我们常见的凯库勒式。

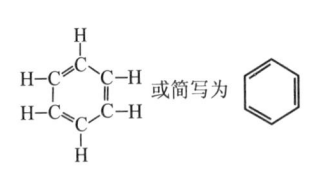

凯库勒提出的苯的环状结构学说，像一把金钥匙打开了芳香族化合物的大门，在有机化学发展史上奏了一曲美妙的乐章。凯库勒关于苯环结构的假说，在有机化学发展史上作出了伟大的贡献。由于凯库勒的价键理论被应用到许多其他有机化合物的研究中，19 世纪中叶，不仅有机化学在理论上取得了蓬勃的发展，而且德国从此建立起了庞大的有机化学工业，特别是染料及制药工业。因为如果说芳香族化合物在理论方面是从苯开始的，那在实验及应用方面也是从苯开始的。人们可以从煤焦油的蒸馏液里得到大量的苯，如果把苯变成硝基苯，进一步变成苯胺，则可以得到美丽的苯胺染料。另外，像石碳酸、水杨酸这样的苯的衍生物也可以用来制造贵重的医药、香料、化学药品及工业药品等许多产品。在凯库勒苯环结构理论思想的指导下，以霍夫曼为代表的一批有机化学家不断开辟着煤焦油的应用途径。昨天还是煤气工业中难以处理的废物，如今已成为取之不尽的宝库。有关芳香族化合物的结构理论与应用研究几乎同时在并行发展。有机化学实验室里的新发现促进了生产方法的革新，工厂实践中提出的新要求又给化学家们提出了新的课题。两者之间的联系如此紧密，配合得如此协调，这在以往的化学史上也属罕见。由于这种协调发展，终于迎来了 19 世纪下半叶有机化学理论和煤焦油工业发展的高潮，而这种发展的指针归根到底还是凯库勒的结构理论。

玻尔的原子结构学说

尼尔斯·玻尔是原子物理学的奠基人。他勇敢地把量子概念引入物质结构

领域，凭着自己的天才用经典力学的方法对类氢原子光谱进行了成功解释。他提出的一整套关于原子运动的新观点，有力地冲击了经典理论，为现代微观物理研究开辟了道路，为量子力学的最终建立做出了杰出的贡献。就像但丁在西方文学史上的地位一样，他是20世纪经典力学向量子力学发展过程中最具代表性的科学家。20世纪10~30年代是量子论形成并逐步发展成为比较完善的理论的年代，玻尔的理论在其中起到里程碑式的作用。

1911年，玻尔在哥本哈根大学获得博士学位。不久他前往英国剑桥，在以发现电子而闻名的科学家汤普森的指导下从事研究。几个月后玻尔来到曼彻斯特，与在几年前发现电子核的欧内斯特·卢瑟福共同从事研究。卢瑟福提出了原子中心有一个重核，周围有电子，而大部分是空间。这与从前的学说相反。

1913年，玻尔在《哲学杂志》上发表具有划时代意义的论文《论原子和分子结构》，发展了自己崭新的原子结构学说。

玻尔认识到他的理论并不是一个完整的理论体系，还只是经典理论和量子理论的混合。他的目标是

玻　尔

建立一个能够描述微观尺度的量子过程的基本力学。为此，玻尔提出了著名的互补原理，即宏观与微观理论，以及不同领域相似问题之间的对应关系。互补原理指出经典理论是量子理论的极限近似，而且按照互补原理指出的方向，可以由旧理论推导出新理论。这在后来量子力学的建立发展过程中得到了充分的验证。玻尔的学生海森堡在互补原理的指导下，寻求与经典力学相对应的量子力学的各种具体对应关系和对应量，由此建立了矩阵力学。互补理论在狄拉克、薛定谔发展波动力学和量子力学的过程中起到了指导作用。

玻尔的原子结构学说指出原子就像一个微型的太阳系，电子在重核周围的

轨道上旋转。其中一个极其重要的差别就在于经典物理学定律认为行星轨道的大小可以是任意的，而玻尔假定原子的电子只能在某些大小确定的轨道上旋转，只有轨道半径使整个原子的全部角动量是普朗克常数的倍数时才有可能，而中介值则不行。玻尔认为原子是由原子核和带负电的电子构成的。原子核由带正电的质子及不带电的中子组成，每个质子与电子所带的电量相等，一般情况下质子数与核外电子数目相等，故原子带电量代数为零，原子整体呈电中性。原子核是原子的中心，密度很大，原子的质量主要由核的质量来决定。核外电子一方面围绕原子核运动，一方面不停地自转，类似于太阳系。每个确定的轨道都具有与其相关的确定能量。当一个电子从一个确定的轨道跃迁到另一个确定的轨道时，辐射出来的光的频率就等于能量的变化再除以普朗克常数。

玻尔学说代表着对经典物理学说的一次彻底突破。一些富于想象力的科学家（如爱因斯坦）迅即称颂玻尔的论文是一部杰作，虽然起初有许多人对新学说提出了质疑。玻尔学说经受住了关键性的检验，圆满解释了氢原子光谱。长期以来人们就知道氢气遇高温时就开始进行光辐射。但是它辐射的光并不包括所有颜色的光，而只包括某些频率非常固定的光。玻尔原子学说的一个很大的优点在于它从几个简单的假说出发，以惊人的准确性解释了氢原子辐射的所

原子结构模型

有谱线（颜色）的精确长度。而且玻尔学说预示有更多的谱线存在，这些谱线以前并未观察到，而不久就被实验所证实。此外玻尔原子结构学说第一次明确地解释了原子为什么具有它们所有的体积。由于具备这些令人信服的证据，玻尔学说很快就被公认。1922年，玻尔获得诺贝尔物理奖。

1920年，哥本哈根成立理论物理学研究所，玻尔就任所长。在他的指导下，众多才华横溢的青年科学家纷至沓来，使该所很快就成为世界上主要科研中心之一。但是与此同时，玻尔的原子结构学说也陷入了困境。主要问题在于玻尔学说虽然成功地解释了只有一个电子的原子（如氢原子）的光谱，但是

它不能正确地预示出其他原子的光谱。有些科学家对玻尔学说在解释氢原子方面的绝对成功深受启发，企图对它稍加修正就能解释较重原子的光谱。玻尔首先认识到稍加修正仍无济于事，必须要彻底加以修正。他本人虽有天才却没能找到解决问题的方法。

这个方法终于在1925年被海森堡等人找到了。他们是在1925年着手于这项研究工作的。有趣的是海森堡和大多数对发展新学说有贡献的其他科学家们都在哥本哈根做过研究工作。在那儿他们通过与玻尔开展讨论和相互间的密切影响，无疑会受益匪浅。玻尔本人立即拥护新学说，帮助推进新学说。他对新学说做出了重大的贡献。通过讨论和写作，他促进了新学说的系统化。

在20世纪30年代，玻尔创造了重要的原子核液滴模型，还提出了反应堆中的复核学说。此外，玻尔还正确指出了参与核裂变的铀的同位素U235，这对后来发展原子弹具有重大意义。

1940年，德国军队占领了丹麦，玻尔因为反纳粹和帮助犹太人出逃而遭到纳粹的围捕，不得已之下只好离开丹麦，辗转来到美国，在那里他利用自己的理论参与并制造了原子弹。

"二战"后，玻尔返回哥本哈根，在那儿领导理论物理所，直到1962年去世时为止。在战后的年月里，玻尔为对原子能实行国际性控制进行努力奋斗，不过没有取得任何成效。

虽然玻尔最初的原子结构学说在几十年前就已被取代，但是他在20世纪仍不愧为是最伟大的人物之一。其理由有几点：第一，他的学说的某些重要方面仍被认为是正确的。例如，他的原子只能存在于某些不连续能级上的观点，是所有后来的原子结构学说的一个不可分割的组成部分。第二，即使现代科学家认为玻尔原子图像实际上不正确，它也具有巨大的启发价值。也许所有理由中最重要的是玻尔学说给量子力学发展带来的动力。就算其中有些已被取代，也不难看出他的学说已被历史证明是现代原子学说和以后发展起来的量子力学的起点。

玻尔在解决氢原子核模型问题时，尽管使用的计算方法仍然是古典力学的，但量子的引进是革命性的。从此，"自然无飞跃"的神话被彻底粉碎了。玻尔的互补哲学受到了许多科学家们的拥护，但也同样受到许多科学家的质疑和反对。围绕着这样一些问题，爆发了历史上很少有先例的学术大论战，这场

论战已经进行了好几十年，至今并无最后的结论。他和爱因斯坦在学术问题上30年的争论，对那个时代的物理学家来说无疑是件幸事，因为争论的每一个回合都使人们对量子力学的本质有更深入的了解。

　　由玻尔筹划和创立的哥本哈根大学理论物理研究所形成了著名的哥本哈根学派，在创立量子力学的过程中，成为世界原子物理研究中心。在他的声望影响下，曾有30多个国家的近千名科学家云集在哥本哈根工作，在他的指导、帮助下，有7人获了诺贝尔奖。

生物篇

拉马克的早期进化学说

　　从15世纪文艺复兴到18世纪，是近代自然科学形成和发展时期，在对自然界的理解上，神创论逐渐开始受到怀疑，而科学界中盛行的不变论随着人们对物种认识的增加也变得不能满足人们的认知，因此进化思想出现了。

　　拉马克是法国著名的博物学家、动物学家，早年拉马克曾参加过法国的七年战争，退役后拉马克凭借对植物的兴趣开始接近自然科学，他编撰的《法国植物》得到人们的普遍好评。在拉马克之前，已有一些有先见的科学家已经发现了生物进化的端倪并积累了许多资料，但这些都不是真正的进化论，这时对博物学十分感兴趣的拉马克出现了，这些散乱的资料在拉马克的研究整理下逐渐形成一个提示生物发展奥秘的钥匙，这就是拉马克的早期进化学说。

　　1768年，拉马克与他的良师让·雅克·卢梭相识，卢梭的爱好非常广泛，也是博物学的爱好者，这对拉马克的成才起了巨大的作用。卢梭经常带他到自己的研究室里去参观，并向他介绍许多科学研究的经验和方法，使拉马克由一个兴趣广泛的青年，转向专注于生物学的研究。从此拉马克花了整整26年的时间，系统地研究了植物学，在任皇家植物园标本保护人的职位期间，于1778年写出了名著《法国全境植物志》。后又研究动物学，1793年被聘为巴黎博物馆无脊椎动物学教授，于1801年完成《无脊椎动物的系统》一书，此书中他把无脊椎动物分为10个纲，是无脊椎动物学的创始人。1809年出版了《动物学哲学》，当时他虽已65岁，但仍潜心研究并写作，于1817年完成了

人类历史上的重要学说

《无脊椎动物自然史》。

《无脊椎动物的系统》《动物学哲学》在科学史上具有重要的地位。他在《动物学哲学》中系统地阐述了他的进化学说（被后人称为"拉马克学说"），提出了两个法则：一个是用进废退，一个是获得性遗传。并认为这两者既是变异产生的原因，又是适应形成的过程。他提出物种是可以变化的，物种的稳定性只有相对意义。生物进化的原因是环境条件对生物机体的直接影响。他认为：①生物在新环境的直接影响下，习性改变，某些经常使用的器官发达增大，不经常使用的器官逐渐退化。②物种经过这样不断地加强和完善适应性状，便能逐渐变成新种，而且这些获得的后天性状可以传给后代，使生物逐渐演变。③适应是生物进化的主要过程。

拉马克

拉马克认为物种是可变的，现在看到的自然界里种类繁多的生物类型，是生物按等级向上发展的倾向和环境的影响之间长期相互作用的结果。也就是说，在自然界中，生物本身存在着一种内在力量驱动着生物由低到高发展变化，而生物对环境则有着巨大的适应能力，环境的变化会引起生物变化，生物也会不断地改变自己来适应新的环境，环境变化是生物多样化的原因。生物体不断往上的进步能力，是造物主所赋予的，或者说是一种生物的本性。在这种本性的引导下，生物的进化就有一种目的论的色彩。对此，拉马克在《动物学哲学》的最后有一段精彩的论述："自然应该被我们当做一个由部分构成的全体来考察，他的构成目的只有创造者自己才知道。但无论如何，该目的在每一部分绝不是单独的……实际上，这个全体是完全的，已经达到了至高创造者所赋予的目的。"

拉马克第一次从生物与环境的相互关系方面探讨了生物进化的动力，为达

152 历史的碎片

尔文进化理论的产生提供了一定的理论基础。但是，由于当时生产水平和科学水平的限制，拉马克在说明进化原因时，把环境对于生物体的直接作用以及获得性状遗传给后代的过程过于简单化了，成为缺乏科学依据的一种推论，并错误地认为生物天生具有向上发展的趋向，以及动物的意志和欲望也在进化中发生作用。

拉马克是历史上第一个提出比较完整的进化理论的学者，是生物进化论的最初奠基人。他与当时占统治地位的特创论进行了极为激烈的斗争。他不仅提出了先于前人的进化理论，而且还赋予生物体一种整体向上的协调性、主动性，这不是一种超自然的原因，而是生物的内在本性。

正是凭借这一规律，生物体得以从内部演化出一套自我进步、自我完善的能力，这就意味着生物体的运动变化是自我造就的，而绝对不是外界给予的。这代表了自然界的另一面——富有生机、充满生命力，拉马克的形而上学体系也正是奠基于此。后来，达尔文也受到了拉马克的进化学说的影响，在一定程度上接受了拉马克的观点，特别在性状是能够遗传的这一观念上。

在拉马克的学说中，用进废退法则和获得性遗传的法则都是由于环境的影响而产生和存在的，也就是说环境的变化会引起生物习性的改变，习性的改变会引起生物某些器官发生变化或者退化。拉马克的进化理论实际是有着严密的内在逻辑和推理的。

当然，拉马克的进化学说也存在着一定的局限性。由于缺乏科学的验证，他的一些学说往往停留在假说阶段，缺少必要的试验根据，所以在某些方面体现出唯心主义的倾向，例如，在关于生物进化的自然发生学这一概念中，他屡次提到了这是由于造物主所决定的。对于这些问题，我们也应该采取比较公正的态度来对待和评判，正如恩格斯所言："可是我们不应该忽视，在拉马克的时代，科学还远没有掌握充分的材料，以便能够对物种的起源问题做出非臆测的即所谓预言式的答案。"

由于拉马克一生勤奋好学，坚持真理，与当时占统治地位的物种不变论者进行了激烈的斗争，反对居维叶的激变论，受到了他们的打击和迫害。但他却说："科学工作能予我们以真实的益处；同时，还能给我们找出许多最温暖、最纯洁的乐趣，以补偿生命场中种种不能避免的苦恼。"他的一生，是在贫穷与冷漠中度过的。晚年双目失明，病痛折磨着他，但他仍顽强地工作，借助幼

女柯尼利娅笔录，坚持写作，把毕生精力贡献于生物科学的研究上，终于成为一位生物科学的巨匠，一位伟大的科学进化论的创始者。1909年，在纪念他的名著《动物学哲学》出版100周年之际，巴黎植物园为他建立了纪念碑，让人们永远缅怀这位伟大的进化论的倡导者和先驱。

居维叶的灾变论

居维叶是法国动物学家，比较解剖学和古生物学的奠基人。居维叶的一生经过了大革命、执政府、帝政和王政时期。他在一生中的大部分时间里，传奇般地同时身兼科学家、社会活动家、政治家等多种职业。他多次出任政府的大臣、部长等职位，但由于对时间和精力的充分利用，他同时在科学上也做出了惊人的成就。他留下的不朽遗产，主要是那些堪称经典的比较解剖学、古生物学、动物分类学和科学组织各方面的著作。居维叶著述之繁多，收集材料之广泛，为世人所罕见。居维叶生前的影响遍及西方世界，被当时的人们誉为"第二个亚里士多德"。

18世纪以前，动物灭绝的观念还被视为一种异端，因为人们更相信物种数量是固定的。在神创论流行的年代，人们相信不管什么时候，上帝或者神都会留下种子让物种得以繁衍，人们也不相信他们没见过的物种曾经出现过。作为地质学家的居维叶，他发现越是古老的地层，海洋生物越多，然后是陆栖动物，然后海洋生物又出现了，似乎海洋和陆地在交替运动，而地层中的生物痕迹——化石，有很多都是当时地球不存在的，于是他开始推测，是不是地球上曾经发生过什么灾难而让这些物种消失了呢？尽管他赢得了研究化石的古生物学者的杰出声名，但他最初受的却是生物学上的训练。他运用已有知识比较了现存物种与已逝物种之间的异同，试着去了解地球的历史。

经过多方面的考察论证，居维叶提出了"器官相关法则"，认为动物的身体是一个统一的整体，身体各部分结构都有相应的联系。如牛羊等反刍动物既有磨碎粗糙植物纤维的牙齿，又有相应的嚼肌、上下颌骨和关节，相应的消化道以及相应的适于抵御和逃避敌害的犄角和肢体构造；虎、狼等肉食动物则具有与捕捉猎物相应的各种运动、消化方面的构造和机能等。

生物篇

居维叶不仅研究现存的动物种类，还将当时已知的绝灭种类的化石遗骸归入同一个动物系统进行比较研究。他运用器官相关的原则和方法，根据少数的骨骼化石对动物进行整体复原。这些开创性的工作，使他成了比较解剖学和古生物学的创始人。

他首先指出非洲象与亚洲象是两个不同的种，而猛犸象（毛象）则是一种更接近于亚洲象的绝灭动物，并证明北美发现的猛犸化石是另一个绝灭的新属——乳齿象。尽管他反对生物进化论，但他正确地提出了物种自然绝灭的概念，并论证了现存种类与绝灭种类之间在形态上和亲缘上的相互联系，在客观上为生物进化论提供了科学的证据。

居维叶

此外，居维叶认为地层时代越新，其中的古生物类型也越进步，最古老的地层中没有化石，后来出现了植物与海洋无脊椎动物的化石，然后又出现脊椎动物的化石。在最近地质时代的岩层中，才出现了现代类型的哺乳类与人类的化石。他的这些论点与近代地质古生物学和进化论的结论基本一致。值得注意的是，居维叶未能从那些现在看起来很明显的化石中得出结论，而仅仅凭借着自己对化石的了解就做出上面的推测。居维叶根据各大地质时代与生物各发展阶段之间的间断现象，提出了灾变论。认为是自然界的全球性的大变革，造成生物类群的大绝灭，而残存的部分经过发展与传播又形成了以后各个阶段的生物类群。虽然只是假设，但是现代地质、古生物学的进步逐渐论证了他的假设。

居维叶认为，在整个地质发展的过程中，地球经常发生各种突如其来的灾害性变化，并且有的灾害是具有很大规模的。例如，海洋干涸成陆地，陆地又隆起山脉，反过来陆地也可以下沉为海洋，还有火山爆发、洪水泛滥、气候急

历史的碎片 155

剧变化等。当洪水泛滥之时，大地的景象就发生了变化，许多生物遭到灭顶之灾。每当经过一次巨大的灾害性变化，就会使几乎所有的生物灭绝。这些灭绝的生物就沉积在相应的地层，并变成化石而被保存下来。这时，造物主又重新创造出新的物种，使地球又重新恢复了生机。原来地球上有多少物种，每个物种都具有什么样的形态和结构，造物主已不记得十分准确了。所以造物主只是根据原来的大致印象来创造新的物种。这也就是新的物种同旧的物种有少许差别的原因。如此循环的往复，就构成了我们在各个地层看到的情况。

居维叶推断，地球上至少已发生过四次灾害性的变化。最近的一次是5000多年前的摩西洪水泛滥。这使地球上的生物几乎全部灭绝，因而造物主又重新创造出各个物种。后来，居维叶的学生欧文极力鼓吹灾变论，不仅在法国产生了很大的影响，而且影响到国外。

居维叶的灾变说产生之后，在地质学界产生了巨大的影响，许多人成为灾变论的忠实追随者，而且还有人为其提出了新的科学证据。例如，当时的地质学家阿加西兹就专门考察了阿尔卑斯山脉，他在给自己的朋友的信中说："自从我看见冰川，我就产生了一种非常心情，而且认为整个地球表面都曾被冰覆盖，在这整个时期内，生物全被冻死。"

另一位著名的科学家杜宾尼更是狂热地拥护灾变论，他竟精确指出，自从生命产生以来，一共经历了27次巨大的灾变。每次灾变都使地球上的所有生物灭绝，然后又产生出新的生物来代替。由此可见，灾变论的思想主旨，其实就是用地球上曾发生的自然性的灾难，来解释地球生物之所以呈现不连续性的原因。这就在某种程度上否定了物种的渐变学说。而且在当时，人们也没有发现地层中存在一个物种向另一个物种进化的过渡性生物化石，这也更进一步加强了居维叶灾变假说的可信度。

尽管灾变说在法国学术界取得了统治的地位，但是，居维叶的理论受到一些生物学家的批评，特别是主张进化学说的拉马克和圣提雷尔对他提出了严厉的批评，尽管他们三人在18世纪末在巴黎自然历史博物馆结下了友谊。之所以会有这样的矛盾，除了居维叶的理论缺乏更直观的证据，而只是假设之外，还因为他是一个不折不扣的物种不变论支持者，他相信物种会灭绝，但是不相信物种会进化，尤其是人，他更相信《创世纪》中的上帝造人说，这不得不说是个极大的讽刺。

因为观念的不同，灾变论终于对上了进化论。1830年，圣提雷尔同居维叶在法国科学院的会议展开了激烈的辩论。双方激烈的辩论持续了6周时间，如此激烈的辩论在科学史上也是少见的，在法国乃至欧洲都引起了人们的关注。当时的报纸和一些宣传机构都对此进行了报道。虽然灾变论看来漏洞百出，近乎强词夺理，但在当时却是被奉为经典，因此最后居维叶获得了胜利。在辩论会上，居维叶淋漓尽致地表示了他的学术观点，激烈地反对拉马克和圣提雷尔的理论，顽固地坚持灾变论。灾变论还在地质学理论上具有一定的地位，因为灾变论也可用于解释地质的变迁。当时巴黎科学院将掌声献给了居维叶，历史却把奖牌挂到圣提雷尔的脖子上，就在灾变论在生物界取得胜利的时候，英国著名的地质学家赖尔主张渐变论，反对灾变论，并在英国清除了灾变论的影响。

居维叶的灾变论包含有许多合理的成分，它为我们今天地质学中新兴的所谓新灾变论提供了丰富的科学理论和实践内容。这是居维叶第一次把生物学引入地质学，为地质学的研究和发展开辟了一条新的途径，开创了地质学上的新纪元。

正是居维叶首先向人们揭示出了生物化石在研究地球历史中的巨大作用，他用简明而生动的语言，阐明了生物化石与地层之间的关系，说明了在不同地质年代的地层中含有不同的生物化石，年代越早，生物化石便越原始。由此，我们可以清晰地看到一个由生物化石描述出来的地球编年史。居维叶的学说反映了生物学向地质学渗透的趋势，以丰富的资料提示了地质过程中的突变和飞跃，有积极的意义，从而产生了广泛的影响，然而它忽视了事物量变和渐进的过程，甚至把超自然力说成是引起灾变的根本原因。

因此，我们在赞美居维叶的伟大理论的同时，又不得不承认，这种灾变论的假说存在着一定的缺点。再说居维叶的灾变理论其实是建立在纯粹试验的基础上的，缺乏一种广阔的理论背景，这不能不说是一种缺憾。所以对于居维叶的灾变论我们应采取一分为二的态度去看待，既不能一味反对，更不能完全肯定。

人类历史上的重要学说

达尔文的生物进化学说

生物进化论（简称进化论），是生物学最基本的理论之一。进化，是指生物在变异、遗传与自然选择作用下的演变发展，物种淘汰和物种产生过程。地球上原来无生命，大约在30多亿年前，在一定的条件下形成了原始生命。其后，生物不断地进化，直至今天世界上存在着170多万个物种。生物进化论最早是由查尔斯·罗伯特·达尔文提出的，其在著《物种起源》时有详细的论述。进化论有三大经典证据：比较解剖学、古生物学和胚胎发育重演律。

1859年，英国伟大的生物学家达尔文发表划时代的巨著《物种起源》，提出了进化论学说，引起旷日持久的激烈争论。该书"不仅第一次给了自然科学中的目的论以致命的打击，而且也根据经验阐明了它的合理的意义"，而且"可以用来当做历史上的阶级斗争的自然科学根据"（马克思语）。

达尔文1809年出生于英国西部施鲁斯伯里一个世代为医的家庭。16岁时，他被送到爱丁堡大学学习医学。但达尔文从小就爱打猎、采集矿物和植物标本。父亲认为他游手好闲，在盛怒之下，于1829年将他送到剑桥大学学习神学，希望他

达尔文

成为一个尊贵的牧师。1831年，达尔文从剑桥大学毕业。同年12月，英国政府组织了"贝格尔"号军舰环球考察，达尔文以博物学家的身份自费搭船开始考察活动。这艘军舰穿越大西洋、太平洋，经过澳大利亚，越过印度洋，绕过好望角，于1836年10月回到英国。

在《物种起源》导言的开头,达尔文说:"当我以一位博物学家的身份参加贝格尔号军舰航行时,南美栖居动物的地理分布以及这块大陆现存与古代栖居动物的地质关系的许多事实,在我看来,这些事实清楚地显示出物种的起源——这个问题被我们时代最伟大的一名哲学家称为神秘中的神秘。"这段话的言外之意是:达尔文在乘"贝尔格"号在南美航行的时候,他的所见所闻让他对神创论产生怀疑并否定,他成为一名进化论者。有三组事实使得达尔文无法接受神创论的说教:

第一,生物种类的连续性。达尔文在南美洲挖到了一些已灭绝的犰狳的化石,与当地仍存活的犰狳的骨架几乎一样,但是要大得多,现代犰狳在这个先祖面前像只兔子。是什么原因造成如此差异?在他看来,这可以认为现今的犰狳就是由这种已灭绝的大犰狳进化来的。

第二,地方特有物种的存在。当他穿越南美大草原时,他注意到某种鸵鸟逐渐被另一种不同的、然而很相似的鸵鸟所取代。经过多方面的比较,达尔文认为它们同为鸵鸟,是同一类物种,只是有什么原因让它们的体征更适应当地的环境。每个地区有着既不同又相似的特有物种,与其说这是上帝分别创造的结果,不如说是相同的祖先在处于地理隔绝状态分别进化的结果。

第三,是来自海洋岛屿的证据。他比较了非洲佛得角群岛和南美加拉帕格斯群岛上的生物类群。这两个群岛的地理环境相似,如果生物是上帝创造出来的,在相似的地理环境下应该创造出相似的生物类群才是合理的,但是这两个群岛的生物类群却差别很大。事实上,佛得角群岛的生物类群更接近它附近的非洲大陆,显然,应该认为岛上的生物来自非洲大陆并逐渐发生了变化。这个进化过程在加拉帕格斯群岛上更加明显。达尔文发现,组成这个群岛的各个小岛虽然环境相似,却各有自己独特的海龟、蜥蜴和雀类。没有任何理由认为上帝故意在一个小岛上创造这些独特的物种,更合理地应该认为这些特有物种都是同一祖先在地理隔绝条件下进化形成的。

1837年,在"贝格尔"号之行结束一年后,达尔文开始秘密地研究进化论。他研究了所有可能到手的资料:个人观察和实验、别人的论文、与国内外生物学家的通信、与园丁和饲养员的对话等,很快得出结论,家养动植物的变异是人工精心选择造成的。但是自然环境下的变异又是怎么来的呢?他仍然不清楚。一年之后,他在休闲时读了马尔萨斯的《人口论》。马尔萨斯认为人口

的增长必然快于生活资料的增长，因此必然导致贫困和对生活资料的争夺。达尔文突然意识到，马尔萨斯的理论也可以应用于生物界。所有的生物的繁殖速度都是以指数增长的，后代数目相当惊人，但是一个生物群的数目却相对稳定，这说明生物的后代只有少数能够存活，必然存在着争夺资源的生存竞争。达尔文进一步推导：任何物种的个体都各不相同，都存在着变异，这些变异可能是中性的，也可能会影响生存能力，导致个体的生存能力有强有弱。在生存竞争中，生存能力强的个体能产生较多的后代，种族得以繁衍，其遗传性状在数量上逐渐取得了优势，而生存能力弱的个体则逐渐被淘汰，即所谓"适者生存"，其结果，是使生物物种因适应环境而逐渐发生了变化。达尔文把这个过程称为自然选择。

因此，在达尔文看来，长颈鹿的由来，并不是用进废退的结果，而是因为长颈鹿的祖先当中本来就有长脖子的变异，在环境发生变化、食物稀少时，脖子长的因为能够吃到树高处的叶子而有了生存优势，一代又一代选择的结果，使得长脖子的性状在群体中扩散开来，进而产生了长颈鹿这个新的物种。

达尔文一面整理环球航行积累的资料，一面又深入实践，同时，还查阅大量书籍，为他的生物进化理论寻找根据。1842年，他第一次写出《物种起源》的简要提纲。1859年11月，达尔文经过二十多年研究而写成的科学巨著《物种起源》终于出版了。

达尔文自己把《物种起源》称为"一部长篇争辩"，它主要论证了两个问题：第一，物种是可变的，生物是进化的。第二，自然选择是生物进化的动力。

达尔文的进化理论，从生物与环境相互作用的观点出发，认为生物之间存在着生存斗争，适应者生存下来，不适者则被淘汰。生物正是通过遗传、变异和自然选择，从低级到高级，从简单到复杂，种类由少到多地进化着、发展着。这就是我们常听到的"物竞天择，适者生存"，现在基因学的诞生，为此提供了重要的证据，事实上，"物竞天择"竞的是"基因"。

这部著作的问世，第一次把生物学建立在完全科学的基础上，以全新的生物进化思想，推翻了神创论和物种不变的理论。《物种起源》是达尔文进化论的代表作，标志着进化论的正式确立。

进化论是人类历史上第二次重大科学突破，第一次是日心说取代地心说，

否定了人类位于宇宙中心的自大情结；这一次把人类拉到了与普通生物同样的层面，所有的地球生物都与人类有了或远或近的血缘关系，彻底打破了人类的自高自大，"一神之下，众生之上"的愚昧式自尊。

《物种起源》的出版，在欧洲乃至整个世界都引起轰动。它沉重地打击了神权统治的根基，从反动教会到封建御用文人都狂怒了。他们群起攻之，诬蔑达尔文的学说亵渎圣灵，触犯君权神授天理，有失人类尊严。

与此相反，以赫胥黎、华莱士为代表的进步学者，积极宣传和捍卫达尔文的进化论。他们指出：进化论轰开了人们的思想禁锢，启发和教育人们从宗教迷信的束缚下解放出来。紧接着，达尔文又开始他的第二部巨著《动物和植物在家养下的变异》的写作，以不可争辩的事实和严谨的科学论断，进一步阐述他的进化论观点，提出物种的变异和遗传、生物的生存斗争和自然选择的重要论点，并很快出版这部巨著。

晚年的达尔文，尽管体弱多病，但他以惊人的毅力，顽强地坚持科学研究和写作，连续出版了《人类的由来》等很多著作。1882年4月19日，这位伟大的科学家因病逝世，人们把他的遗体安葬在牛顿的墓旁，以表达对这位科学家的敬仰。

达尔文推测的人类进化示意图

达尔文的进化论，由于有充分的科学事实作根据，所以能经受住时间的考验，百余年来在学术界产生了深远的影响。但达尔文的进化理论还存在着若干弱点：①达尔文的自然选择原理是建立在当时流行的融合遗传假说之上的。按照融合遗传的概念，父、母亲体的遗传物质可以像血液那样发生融合；这样任何新产生的变异经过若干世代的融合就会消失，变异又怎能积累，自然选择又怎能发挥作用呢？②达尔文过分强调了生物进化的渐变性。他深信"自然界无跳跃"，用"中间类型绝灭"和"化石记录不全"来解释古生物资料所显示的跳跃性进化。他的这种观点近年正越来越受到间断平衡

论者和新灾变论者的猛烈批评。

施莱登和施旺的细胞学说

施莱登是细胞学说的创始人之一。他于1831年毕业于耶拿大学，1850年任耶拿大学植物学教授。当时植物学界流行的研究是形态分类学，而他则通过研究植物显微镜下的结构来描述和命名新种。

早在17世纪，显微镜发明以后，列文虎克、马尔比基等科学家就在显微镜的帮助下看到了植物细胞，但是他并没有认为植物的体内有独立的、有活性的基本单位。到了19世纪，关于细胞的不确切认识形成了两大问题，就是细胞究竟有什么用，新细胞是如何产生的。在当时已经有一定影响力的施莱登以极大的热情来投入细胞的研究中。

施莱登

施莱登是一代年轻的生物学家，与思维固定、固执己见的老辈不同，他认为"细胞来自先前存在的细胞"。这种说法根本无法解答"新细胞是如何产生的"这个问题。于是在1938年，他根据多年在显微镜下观察植物组织结构的结果，认为在任何植物体中，细胞是结构的基本成分；低等植物由单个细胞构成，高等植物则由许多细胞组成。1838年，他发表了著名的《植物发生论》一文，提出了上述观点。该文刊登在1838年出版的《米勒氏解剖学和生理学文集》上。从此，施莱登对于细胞的形成渐成理论，细胞学说诞生。细胞学说被恩格斯誉为"19世纪自然科学三大发现之一"，对生物科学的发展起了巨大的促进作用。施莱登也认识到细胞核的重要性，并观察到细胞核与细胞分裂有关。他还描述过细胞中活跃的物质运动，即现在所说的原生质川流运动。他是首先接受达尔文进化论的德国生物学家之一。

1838年，施莱登提出了一个关于细胞的生命特征、细胞的生理过程以及细胞的生理地位的理论，它标志着第一个较为系统的细胞学说的建立。

在细胞的生命特征方面，施莱登继承和发展了奥肯在19世纪初提出的细胞的两重生命论的理论。施莱登认为，细胞的基本生命特征是它的生命的两重性，即细胞具有主要生命特征——自己的生命的同时，还具有作为整个机体的组织结构的生命特征。

在细胞的生理过程方面，施莱登提出了新细胞是从旧细胞产生出来的理论。他认为细胞核是产生新细胞的母体：一个新细胞起源于一个老细胞的核，接着便成为老细胞的球体中的一个裂片，然后分离出来又形成一个独立而完整的新细胞，一代代的新细胞就这样不断从老细胞中产生出来。

在细胞的生理地位方面，施莱登提出：细胞是一切植物机体生命的基本单位，是一切植物体借以生存和生长的根本实体。

尽管施莱登的细胞学说中还含有较明显的自然哲学的思辨成分，但是其基本内容是以当时的实验为基础的。正因为如此，施莱登的细胞学说发表之后，即为当时德国不少生物学家所接受，而且一些生理学家和胚胎学家还将施莱登的细胞学说作为生理学和胚胎学的理论基础。

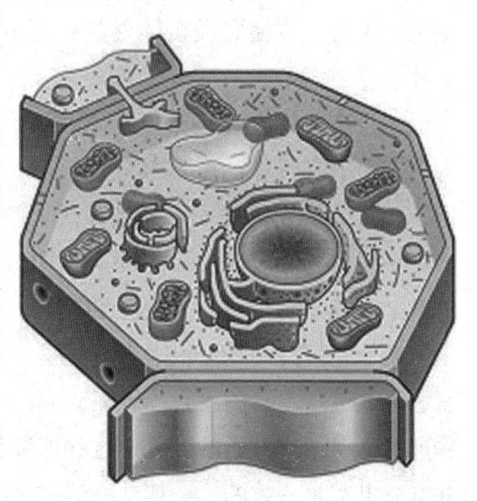

细胞示意图

德国另一位青年解剖学家施旺，把施莱登的细胞学说从植物学扩展到动物学，并进而建立起统一的细胞学说。施旺是德国卢万大学的解剖学教授，在研究细胞学之前，曾从事胚胎学和比较解剖学的研究，跟从德国著名生理学家弥勒学习生理学。弥勒极为重视施莱登的细胞学说，他试图证实动物机体的基本单位同样是细胞。在19世纪30年代中期，施旺受到德国自然哲学思潮的影响，特别是在当时兴起的胚胎个体发育学与细胞学的热流的冲击下，他开始关

注细胞学。当弥勒要他重视施莱登的理论时，他马上投入到对施莱登的细胞学的研究中。

施旺力图在研究细胞学的同时，将其与有机体的胚胎发育史和个体发育史结合起来。1839年，他从细胞的形成机理与生命的发育过程两方面，进一步地完善了由施莱登建立起来的细胞学说。

在细胞的形成机理方面，施旺认为：细胞的形成靠两种力量起作用，一种是有机细胞的代谢力，通过新陈代谢把细胞间的物质转化为适合于细胞形成的物质；一种是有机细胞的吸引力，通过浓缩和沉淀细胞间的物质而形成细胞。这两种内在的力量使细胞具有生命，并使它在机体里具有自立性。

在生命的发育过程方面，施旺认为："无论有机体的基本部分怎样不同，总有一个普遍的发育原则，这个原则便是细胞的形成。"施旺所提出的这个普遍发育原则，实际上包括两个方面的发育：一是个体本身的发育，一是细胞本身的发育。施旺认为：一切动物的个体生命发育过程，都从受精卵这个单细胞开始的，无论这些卵细胞是大如鸡蛋还是小于哺乳动物的卵，在本质上都是一致的；一切动物都是从单一细胞开始自己的个体发育史。就细胞本身的发育而言，他认为个体生命形成之后，在个体生命内仍然进行着从老细胞内发育出新细胞的过程，并以此构成个体生命的基础和条件。

施旺的认识相当正确和深刻，1839年，他发表了《动植物结构和生长相似性的显微研究》，把施莱登的细胞学说成功地引入动物学，建立起了生物学中统一的细胞学说。

法国医学家毕夏把人体组织划分为硬骨、软骨、肌肉等21种类型，并试图找出各种组织之间的生理和病理关系。施旺以毕夏的组织分类学为借鉴，把

施 旺

人体细胞划分为血液细胞、皮肤细胞、骨质细胞、纤维细胞、神经和肌肉细胞五种不同的类型，并试图找出各种细胞之间的生理关系。施旺所作的这些努力，对后来瑞士生物学家柯立克创立细胞生理学以及德国医学家魏尔肖创立细胞病理学起到了直接的先驱作用。

在建立细胞学说时，虽然施莱登和施旺已经具有当时发现的细胞内部结构这一实验基础，但他们更多的是依靠他们在自然哲学思潮的引导下所作的理论方面的探索。因此，学说中的某些基本内容，例如细胞本身的形成问题，在当时他们并未获得充分的实验证据。施莱登认为，新细胞是从老细胞的核内产生出来的；施旺则认为，新细胞是从老细胞核外的有机物质的晶体化过程中产生出来的。他们提出这个理论后不久，这一问题被德国著名显微解剖学家冯·莫尔发现的细胞的有丝分裂这一新的实验事实所修正。

细胞学说论证了整个生物界在结构上的统一性，以及在进化上的共同起源。这一学说的建立推动了生物学的发展，并为辩证唯物论提供了重要的自然科学依据。

施莱登和施旺的细胞学说为19世纪细胞的研究指出了方向。然而，他们虽然正确地指出新的细胞可以由老的细胞产生，却提出了一个错误的观念，即新细胞在老细胞的核中产生，由非细胞物质产生新细胞，并通过老细胞崩解而完成。由于这两位科学家的权威，使得这种错误观点流传了许多年。

许多研究者的观察表明，细胞的产生只能通过由原先存在的细胞经过分裂的方式来完成，1858年德国病理学魏尔肖概括为"一切细胞来自细胞"的著名论断，这不仅在更深的层次上揭示细胞作为生命活动的基本单位的本质，而且通常也被认为是对细胞学说的重要补充，甚至有人认为直至于此细胞学说才全部完成。

尽管细胞学说的某些部分已成为历史的陈迹，然而其中心思想仍广泛而深刻地影响了后来生物学的发展，任何生物学的重要问题都必须从细胞中寻求最后的解答。

巴斯德的细菌致病学说

路易斯·巴斯德是法国微生物学家、化学家。他研究了微生物的类型、习

性、营养、繁殖、作用等，奠定了工业微生物学和医学微生物学的基础，并开创了微生物生理学。巴斯德循此前进，在战胜狂犬病、鸡霍乱、炭疽病、蚕病等方面都取得了成果。从此，整个医学迈进了细菌学时代，并得到了空前的发展，人类的寿命因此而在一个世纪里延长了三十年之久。

巴斯德

巴斯德于1847年在巴黎大学获得博士学位，此后他开始潜心研究发酵，证明了发酵过程是某种微生物作用的结果。他还证明了其他某种微生物的存在会使正在发酵的饮料变为次品。

巴斯德于1847年在巴黎大学获得博士学位，由于对在缺少空气的情况下天然物质的腐烂现象和发酵过程感兴趣，因此他将发酵当做自己的研究课题，希望能够破解发酵的奥秘。

巴斯德在试验过程中受到酿酒过程的启示，配置了一种可以供酵母菌生长的溶液，这种溶液由糖、氨、无机盐和微量元素构成，巴斯德发现，随着酵母菌的增多，溶液中的糖分减少了，而酒精的含量却增加了，这意味着糖产生了酒精，导致变化的原因是酵母菌。同时巴斯德也发现，即使用其他的微生物也可以产生不同的产物。这些试验和论证有力地支持了细菌学说，这种支持是使科学界相信该学说正确的主要因素。这使巴斯德很快认识到了某种微生物可在人体或动物体内产生不合要求的产品和作用。如果疾病是由细菌引起的，那么通过防止有害细菌进入人体就可以避免疫病，这看来是合乎逻辑的。因此巴斯德强调防菌方法对内科临床的重要性，他对把防菌方法引入外科临床的约瑟夫·李斯特有着重大的影响。有害细菌可以通过食品和饮料进入人体。巴斯德发明了一种消灭饮料中的微生物的方法，即巴斯德氏消毒法，这种方法在使用之处几乎把受污染的牛奶传染源彻底消除了。年仅26岁的巴斯德因对酒石酸的镜像同分异构体的研究而成为著名化学家。

巴斯德并不是病菌的最早发现者，在他之前就有人提出过类似的假说，但是只有巴斯德热情勇敢地提出关于病菌的理论，而且通过大量实验，证明了他的理论的正确性，令科学界信服，这是他的重大贡献。像牛顿开辟出经典力学一样，巴斯德开辟了微生物领域，创立了一整套独特的微生物学基本研究方法，开始用"实践—理论—实践"的方法开始研究，他是一位科学巨人。巴斯德一生进行了多项探索性的研究，取得了重大成果，是19世纪最有成就的科学家之一。他用一生的精力证明了三个科学问题：①每一种发酵作用都是由于一种微菌的发展。这位法国化学家发现用加热的方法可以杀灭那些让啤酒变苦的恼人的微生物，很快，巴氏杀菌法便应用在各种食物和饮料上。②每一种传染病都是一种微菌在生物体内的发展。由于发现并根除了一种侵害蚕卵的细菌，巴斯德拯救了法国的丝绸工业。③传染病的微菌，在特殊的培养之下可以减轻毒力，使它们从病菌变成防病的疫苗。他意识到许多疾病均由微生物引起，于是建立起了细菌理论。

巴斯德的贡献主要有三：

1. 否定微生物自然发生说

新鲜的食品在空气中放久了，会腐败变质，并发现其中有微生物。这些微生物从何而来？当时有一种观点认为，微生物是来自食品和溶液中的无生命物质，是自然发生的——自然发生说。巴斯德通过自己精巧的实验给持有这种观点的人以有力的反驳。

巴斯德设计了一个鹅颈瓶（曲颈瓶），现称"巴斯德烧瓶"。烧瓶有一个弯曲的长管与外界空气相通。瓶内的溶液加热至沸点，冷却后，空气可以重新进入，但因为有向下弯曲的长管，空气中的尘埃和微生物不能与溶液接触，使溶液保持无菌状态，溶液可以较长时间不腐败。如果瓶颈破裂，溶液就会很快腐败变质，并有大量的微生物出现。实验得到了令人信服的结论：腐败物质中的微生物是来自空气中的微生物，鹅颈瓶实验也促使巴斯德创造了一种有效的灭菌方法——巴氏灭菌法。

巴氏灭菌法又称低温灭菌法，先将要求灭菌的物质加热到65℃30分钟或72℃15秒钟，随后迅速冷却到10℃以下。这样既不破坏营养成分，又能杀死细菌的营养体，巴斯德发明的这种方法解决了酒质变酸的问题，拯救了法国酿

酒业。现代的食品工业多采取间歇低温灭菌法进行灭菌。可见，巴斯德的功绩是卓著的。

2. 疾病的病菌说

巴斯德从研究蚕病开始，逐步解开了较高等动物疾病之谜，即由病菌引起的疾病，最后征服了长期威胁人类的狂犬病。

1865~1870年，他把全部的精力都集中到蚕病的研究上。这个研究牵涉到两种病原微生物。在搞清蚕病起因后，巴斯德提出了合理可行的防治措施，从而使法国的丝绸工业摆脱了困境。

而后，巴斯德又专心研究动物的炭疽病，他成功地从炭疽病的动物（如牛、羊）的血液中分离出一种病菌并进行纯化，证实就是这种病菌使动物感染致病而亡。这就是动物感染疾病的病菌说观点。但是，当时的内科医生和兽医们却普遍认为疾病是在动物体内产生的，由疾病产生了某种有毒物质，然后，也许是由这些有毒物变成了微生物。后来巴斯德又研究妇科疾病产褥热。他认为这种病是由于护理和医务人员把已感染此病的妇女身上的微生物带到健康妇女身上，而使她们得病。

由此可见，巴斯德虽不是一名医生，但他对医学的贡献也是无法估量的，他为医学生物学奠定了基础。

3. 免疫学

巴斯德除了研究炭疽病外，还研究了鸡的霍乱病。这种病使鸡群的死亡率高达90%以上。巴斯德经过多次尝试后发现，这种致病的微生物能在鸡软骨做成的培养基上很好地生长。一小滴新鲜的培养物能迅速杀死一只鸡。

巴斯德在研究此病过程中最值得庆幸的是：当鸡群被用老的、不新鲜的培养物接种时，它们几乎都只有些轻微的症状，并很快恢复健康，再用新鲜的、有毒力的培养物接种时，这些鸡对这种病的抵抗力就非常强了。这样巴斯德就用自己的实验使鸡产生了对鸡霍乱病的获得性免疫能力。这可以同琴纳使用牛痘对人的天花病产生免疫能力相媲美。

巴斯德在成功地研究出防止鸡霍乱病的方法后，又着手研究对付炭疽病的方法。他把炭疽病的病菌培养在温度为42℃~43℃的鸡汤中。这样，此病菌不形成孢子，从而选择出没有毒性的菌株作为疫苗进行接种。巴斯德是世界上最早地成功研制出炭疽病减毒活性疫苗的人，从而使畜牧业免受灭顶之灾。

巴斯德在62岁的时候开始研究狂犬疫苗，狂犬病虽然不是常见病，但是死亡率却是百分百，巴斯德将之视为最后的堡垒。在寻找病原体的过程中，巴斯德和他的试验小组经历了无数的困难和失败，终于在患狂犬病的动物脑和脊髓中发现狂犬病毒的病原体，巴斯德采用连续传代递减弱病毒力的方法获得最原始的巴斯德狂犬疫苗。刚结束动物试验的时候恰逢一名九岁男孩被疯狗咬伤，救治无望的情况下，巴斯德冒着坐牢的风险给男孩注射了刚刚研究的狂犬疫苗，两周后，小孩转危为安，从此巴斯德的事业达到最光辉的顶点。

巴斯德在化学领域的杰出成就，受到人们的重视并获得了荣誉。然而，他并未将自己的视线仅仅停留在化学领域，而是将实验化学的原理、技能等广泛地应用于发酵问题，奠定了现代实验生物技术的基础，从而开辟了人类科学历史的新纪元。

巴甫洛夫的条件反射学说

巴甫洛夫·伊凡·彼德罗维奇是俄国生理学家、心理学家、医师、高级神经活动学说的创始人，高级神经活动生理学的奠基人，条件反射理论的建构者，也是传统心理学领域之外而对心理学发展影响最大的人物之一，曾荣获诺贝尔奖。他的研究内容相当广泛，涉及生理学的许多部门，尤其在血液循环生理学、消化系统生理学、高级神经活动生理学这三个方面结下了丰硕的果实，它们突破性地推动了整个生物学划时代的前进，在人类科学史上谱写了壮丽的诗篇。

巴甫洛夫的盛名首先是来自他

巴甫洛夫

人类历史上的重要学说

关于条件反射的研究，其次是来自他对高级神经活动类型的划分，这一切都始于他对狗的研究。

1870年，巴甫洛夫在彼得堡大学学习，受达尔文《物种起源》的影响，巴甫洛夫开始学习医学并进入军医学院，在那里，巴甫洛夫学会解剖并对消化生理发生兴趣。1889年，巴甫洛夫为了研究胃液分泌的神经机制，探索消化腺分泌的规律，他进行了一项试验：将狗的食管切断并接到皮肤外层，然后给狗喂食。巴甫洛夫发现，虽然狗进食后食物无法进入胃中，但是仍然有胃液分泌。于是巴甫洛夫认为，胃液的分泌不是靠食物刺激，而是食物刺激口腔中的味觉神经，味觉神经将信号传给大脑，是大脑控制了胃液分泌。

巴甫洛夫在研究消化现象时，观察了狗的唾液分泌，即对食物的一种反应特征。他的实验方法是，把食物显示给狗，并测量其唾液分泌。在这个过程中，他发现如果随同食物反复给一个中性刺激，即一个并不自动引起唾液分泌的刺激，如铃响，这狗就会逐渐"学会"在只有铃响但没有食物的情况下分泌唾液。一个原是中性的刺激与一个原来就能引起某种反应的刺激相结合，而使动物学会对那个中性刺激作出反应，这就是经典性条件反射的基本内容。

条件反射的情境涉及四个事项，两个属于刺激，两个属于机体的反应。一个是中性刺激，它在条件反射形成之前，并不引起预期的、需要学习的反应。

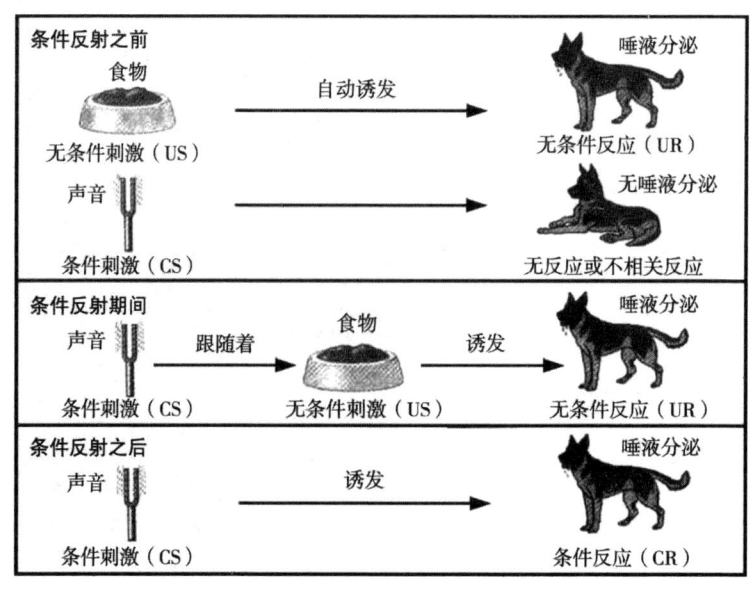

巴甫洛夫条件反射实验示意图

这是条件刺激，在巴甫洛夫的实验中就是铃响。第二个刺激是无条件刺激。它在条件反射形成之前就能引起预期的反应：条件反射形成之前，出现了肉，即无条件刺激，就引起唾液分泌。对于无条件刺激的唾液分泌反应叫做无条件反应。这是在形成任何程度的条件反射之前就会发生的反应。由于条件反射的结果而开始发生的反应叫做条件反应，即没有肉，只有铃响的唾液分泌反应。当两个刺激紧接着（在空间和时间上相近）反复地出现，就形成条件反射。通常，无条件刺激紧跟着条件刺激出现。条件刺激和无条件刺激相随出现数次后，条件刺激就逐渐引起唾液分泌。这时，动物就有了条件反应。一度中性的条件刺激（铃响）现在单独出现即可引起唾液分泌。

中性刺激与无条件刺激在时间上的结合称为强化，强化的次数越多，条件反射就越巩固。条件刺激并不限于听觉刺激。一切来自体内外的有效刺激（包括复合刺激、刺激物之间的关系及时间因素等）只要跟无条件刺激在时间上结合（即强化），都可以成为条件刺激，形成条件反射。一种条件反射巩固后，再用另一个新刺激与条件反射相结合，还可以形成第二级条件反射。同样，还可以形成第三级条件反射。在人身上则可以建立多级的条件反射。

当条件刺激不被无条件刺激所强化时，就会出现条件反射的抑制，主要有消退抑制和分化。条件反射建立以后，如果多次只给条件刺激而不用无条件刺激加以强化，结果是条件反射的反应强度将逐渐减弱，最后将完全不出现。例如，对以铃声为条件刺激而形成唾液分泌条件反射的狗，只给铃声，不用食物强化，多次以后，则铃声引起的唾液分泌量将逐渐减少，甚至完全不能引起分泌，出现条件反射的消退。

巴甫洛夫认为，消退是因为原先在皮质中可以产生兴奋过程的条件刺激，现在变成了引起抑制过程的刺激，是兴奋向抑制的转化。这种抑制称为消退抑制。巴甫洛夫指出，消退抑制是大脑皮质产生主动的抑制过程，而不是条件刺激和相应的反应之间的暂时联系已经消失或中断。因为如果将已消退的条件反射放置一个时期不做实验，它还可以自然恢复；同样，如果以后重新强化条件刺激，条件反射就会很快恢复，这说明条件反射的消退不是原先已形成的暂时联系的消失，而是暂时联系受到抑制。消退发生的速度，一般是，条件反射愈巩固，消退速度就愈慢；条件反射愈不巩固，就愈容易消退。

在条件反射开始建立时，除条件刺激本身外，那些与该刺激相似的刺激也

或多或少具有条件刺激的效应。例如，用500赫的音调与进食相结合来建立食物分泌条件反射。在实验的初期阶段，许多其他音调同样可以引起唾液分泌条件反射，只不过它们跟500赫的音调差别越大，所引起的条件反射效应就越小。这种现象称为条件反射泛化。以后，只对条件刺激（500赫的音调）进行强化，而对近似的刺激不给予强化，这样泛化反应就逐渐消失。动物只对经常受到强化的刺激（500赫的音调）产生食物分泌条件反射，而对其他近似刺激则产生抑制效应。这种现象称为条件反射的分化。

巴甫洛夫所做工作的重要性是不可估量的。他的研究公布以后不久，一些心理学家，如行为主义学派的创始人华生，开始主张一切行为都以经典性条件反射为基础。虽然在美国这一极端的看法后来并不普遍，但在俄国相当长的时间内以经典性条件反射为基础的理论在心理学界曾占统治地位。无论如何，人们一致认为，相当一部分的行为，用经典性条件反射的观点可以作出很好的解释。

巴甫洛夫认为学习是大脑皮层暂时神经联系的形成、巩固与恢复的过程。巴甫洛夫认为，"所有的学习都是联系的形成，而联系的形成就是思想、思维、知识"。他所说的联系就是指暂时神经联系。他说："显然，我们的一切培育、学习和训练，一切可能的习惯都是很长系列的条件的反射。"巴甫洛夫利用条件反射的方法对人和动物的高级神经活动作了许多推测，发现了人和动物学习的最基本的机制。

例如：一定频率的节拍器声响（条件刺激）与肉粉（无条件刺激）多次结合，原先只由肉粉引起狗的唾液分泌（无条件反应），现在节拍器单独出现可以引起类似的唾液分泌反应。也就是说当条件刺激—条件反应之间形成了巩固的联系时，学习出现了。我们可以说，在此情境中狗学会了听一定频率的节拍器声响。

巴甫洛夫就这样以条件反射为核心建立了一个完整的高级神经活动学说，广泛地涉及高级神经活动的方方面面，揭示了人类和动物高级神经活动的种种规律，开辟了大脑皮层生理学的广阔空间，奠定了心理学的生理学基础。这些科研成就还被有效地应用到医学实际中的各个领域，比如神经医学、内科学、外科学、妇产科学、小儿科学、皮肤科学、眼科学、耳鼻喉科学、口腔科学、预防科学、治疗学等，发挥出了重要作用，为现代医学的发展铺平了道路。

孟德尔的遗传因子学说

俗话说"种瓜得瓜，种豆得豆"，这就是遗传。因为有遗传，才有稳定的物种。当然，生物间还有代的差异，这指的是生物的进化性。因为有遗传，通过不同品种的杂交、嫁接，才能得到更优良的品种，现在人类为了不断丰富自身的需要，培育出数不清的动植物新品种，而且还会有更多的新品种出现。是谁揭开了遗传的秘密呢？他便是奥地利遗传学家孟德尔。

孟德尔1822年7月20日出生于奥地利西里西亚，是遗传学的奠基人，被誉为"现代遗传学之父"。孟德尔通过豌豆实验，发现了遗传规律、分离规律及自由组合规律。

孟德尔开始进行豌豆实验时，达尔文进化论刚刚问世。他仔细研读了达尔文的著作，从中吸收丰富的营养。保存至今的孟德尔遗物之中，就有好几本达尔文的著作，上面还留着孟德尔的批注，足见他对达尔文及其著作的关注。孟德尔经过长期思索认识到，理解那些使遗传性状代代恒定的机制更为重要。

孟德尔

1856年，从维也纳大学回到布鲁恩不久，孟德尔就开始了长达8年的豌豆实验。孟德尔首先从许多种子商那里弄来了34个品种的豌豆，从中挑选出22个品种用于实验。它们都具有某种可以相互区分的稳定性状，例如高茎或矮茎、圆科或皱科、灰色种皮或白色种皮等。

孟德尔通过人工培植这些豌豆，对不同代的豌豆的性状和数目进行细致入微的观察、计数和分析。运用这样的实验方法需要极大的耐心和严谨的态度。

他酷爱自己的研究工作,经常向前来参观的客人指着豌豆十分自豪地说:"这些都是我的儿女!"

起初,孟德尔的豌豆实验并不是有意为探索遗传规律而进行的。他的初衷是希望获得优良品种,只是在试验的过程中,逐步把重点转向了探索遗传规律。除了豌豆以外,孟德尔还对其他植物作了大量的类似研究,其中包括玉米、紫罗兰和紫茉莉等,以期证明他发现的遗传规律对大多数植物都是适用的。

从生物的整体形式和行为中很难观察并发现遗传规律,而从个别性状中却容易观察,这也是科学界长期困惑的原因。孟德尔不仅考察生物的整体,更着眼于生物的个别性状,这是他与前辈生物学家的重要区别之一。孟德尔选择的实验材料也是非常科学的。因为豌豆属于具有稳定品种的自花授粉植物,容易栽种,容易逐一分离计数,这为他发现遗传规律提供了有利的条件。

八个寒暑的辛勤劳作,孟德尔发现了生物遗传的基本规律,并得到了相应的数学关系式。人们分别称他的发现为"孟德尔第一定律"(即孟德尔遗传分离规律)和"孟德尔第二定律"(孟德尔遗传自由组合规律),它们揭示了生物遗传奥秘的基本规律。

分离定律是指决定相对性状的一对等位基因同时存在于杂种一代(F_1)的个体中,但仍维持它们各自的个体性,在配子形成时互相分开,分别进入一个配子细胞中去。在孟德尔定律中最根本的就是分离定律。比较普遍的说法是:在纯合子中相同染色体上占有同一基因位置的来自双亲的两个基因绝不会发生融合而是仍维持其个体性,而在配子形成时基因发生分离,其结果是杂种第二代(F_2)和回交一代(B_1)中性状会发生分离。

在杂合子的细胞中,位于一对同源染色体,具有一定的独立性,生物体在进行减数分裂形成配子时,等位基因会分离,分别进入到两个配子中,独立地随配子遗传给后代。

自由组合规律是指当具有两对(或更多对)相对性状的亲本进行杂交,在子一代产生配子时,在等位基因分离的同时,非同源染色体上的基因表现为自由组合。其实质是非等位基因自由组合,即一对染色体上的等位基因与另一对染色体上的等位基因的分离或组合是彼此间互不干扰的,各自独立地分配到配子中去,因此也称为独立分配律。

孟德尔选取具有两组相对性状差异的豌豆为研究对象，一个亲本是显性性状黄色圆粒（记为YYRR），另一亲本是隐性性状绿色皱粒（记为yyrr），得到杂合的F1子一代黄色圆粒（记为YyRr）。让它们进行自花授粉（自交），则在F2子二代中出现了明显的分离和自由组合现象。在共计得到的556颗F2种子中，有四种不同的表现类型，分别为：黄色圆形，绿色圆形，黄色褶皱，绿色皱粒。如果以数量最少的绿色皱粒32颗作为比例数1，那么F2的四种表现型的数字比例大约为9∶3∶3∶1。从以上豌豆杂交试验结果看出，在F2所出现的四种类型中，有两种是亲本原有的性状组合，即黄色圆粒和绿色皱粒，还有两种不同于亲本类型的新组合，即黄色皱粒和绿色圆粒，其结果显示出不同相对性状之间的自由组合。

孟德尔为了证实具有两对相对性状的F1杂种，确实产生了四种数目相等的不同配子，他同样采用了测交法来验证。把F1杂种（YyRr）与双隐性亲本（yyrr）进行杂交，由于双隐性亲本只能产生一种含有两个隐性基因的配子（yr），所以测交所产生的后代，不仅能表现出杂种配子的类型，而且还能反映出各种类型配子的比数。换句话说，当F1杂种与双隐性亲本测交后，如能产生四种不同类型的后代，而且比数相等，那么，就证实了F1杂种在形成配子时，其基因就是按照自由组合的规律彼此结合的。实际测交的结果，无论是正交还是反交，都得到了四种数目相近的不同类型的后代，其比数为1∶1∶1∶1，与预期的结果完全符合。这就证实了雌雄杂种F1在形成配子时，确实产生了四种数目相等的配子，从而验证了自由组合规律的正确性，也成为现代生物遗传学三大基本定律之一。

孟德尔清楚自己的发现所具有的划时代意义，于是他又慎重地重复实验了多年，除了豌豆以外，还对其他植物做了大量的类似研究，其中包括玉米、紫罗兰和紫茉莉等，以期证明他发现的遗传规律对于多数植物都是适用的。

1856年，在布鲁恩科学协会的会议厅，孟德尔宣读了自己的研究成果——一篇题为《植物杂交实验》的论文。不知是他的观念太超前，还是因为数据不够完整，总之这篇文章没有引起与会者的任何共鸣。1866年，经过反复试验，孟德尔认为自己的实验成果足够成熟，因此在《布尔诺自然科学研究会会报》上发布了自己关于生物遗传规律的完整论文，然而即便如此，

人类历史上的重要学说

依然没有人回应，孟德尔甚至亲自将研究成果给权威人士看，也没有明显反响。从此，孟德尔为遗传学奠定了基础的、具有划时代意义的发现，就这样被当时的人们所忽视和遗忘了。

1900年，来自荷兰的德弗里斯、德国的科伦斯和奥地利的契马克三位学者同时独立地重新发现孟德尔遗传定律，孟德尔的学说才得到

孟德尔与他的豌豆地

人们的重视，从此，遗传学进入了孟德尔时代。可是这时孟德尔已经离开人世35年之久了。奇特的是孟德尔研究结果的重提，孟德尔定律的传播速度快得不可思议，而且接受程度也出人意料的高，这对孟德尔来说可算安慰。从此，20世纪人类解开遗传之谜的序幕拉开了。